教科書と「慰安婦」問題
――子どもたちに歴史の事実を教え続ける

目　次

第二章　一九九〇年代における第三次教科書攻撃と現在　47

第三章　教科書と授業　73

第四章　教科書は植民地支配をどう描いてきたか　103

序章　問題の所在

「私たちは、私たちの国である朝鮮国が独立国であること、また朝鮮人が自由な民であることを宣言する」で始まる〈三・一独立宣言書〉。これを読み上げた学生たちは「独立万歳」を叫び、腕を組んでソウルの街を行進し、運動は瞬く間に全国に広がった。

この宣言書が読み上げられてから一〇〇年の二〇一九年三月一日、筆者はソウルにいた。朝から街全体が清新な雰囲気に包まれていた。学生たちが宣言書を読み上げたタプコル公園に行くと、式典を準備する人たちが花輪を飾り付けていた。「イルボンか?」と聞かれ、頷くと、「よく来てくれた」と相好を崩した。日本人であることに不安を覚えるような雰囲気の中で緊張していた気持ちがほぐれたことを記憶している。

光化門広場の周りのどのビルの壁面にもまるで壁画のように太極旗が掲げられ、お祝いムードに包まれていた。会場入り口にたどり着いて配られたのは防寒のためのひざ掛けだった。そこにはなんと〈三・一独立宣言書〉がプリントしてあった。〈三・一独立宣言書〉を誇りに思う人々の思いが伝わった。式典の冒頭、〈三・一独立宣言書〉を子どもから老人たちまでがリレーで読み上げていった。どの声も力強く、この言葉を世界に届けたいという気持ちの伝わるものだ。

文在寅韓国大統領はあいさつの中で、「間違った過去を省察するとき私たちはともに未来へと歩んでいけます。歴史を正すことこそが子孫が堂々といられる道です」「過去は変えることはできませんが、未来は変えることができます。歴史を鏡にし、韓国と日本が固く手を結ぶとき、平和の時代がはっきりと私たちの側に近づいてくるでしょう。力を合わせ、被害者たちの苦痛を実質的に治癒するとき、韓国と日本は心が通じる真の親友になることでしょう」「三・一独立運動は依然として私たちを未来に向けて押し出しています」「過去一〇〇年の歴史は私たちが直面する現実がいくら困難であっても希望を捨てないかぎり変化と革新を成し遂げられることを証明しています」と語った（The Korean Politics（https://www.thekoreanpolitics.com）より）。

三・一独立運動は日本による植民地化に対して、民族の尊厳を踏みにじられた人々が独立と解放を求めた運動であるとともに、朝鮮だけでなく、東アジア全体の民族自決を実現することをめざした運動だ。

しかし、その記念式典に日本の多くのメディアや政権側の人間は「反日」運動とレッテルを貼っていた。今回の式典は韓国の人々が民族の誇りをかけ人類史に残る独立運動の意義を掲げ、運動の継承を誓うものであり、アジアの平和をともに創ろうと韓国から呼びかける式典と言える。この式典を「反日」運動ととらえる根底には何があるのか。それは日本がいまだに植民地主義的な考え方から脱却してないということに他ならない。歴史に誠実に向き合う勇気をもち、一〇〇年たった今、日本政府が過去を清算する責任がある。

式典のクライマックスで独立運動の先頭に立ったユ・ガンスンら青年たちに扮した人々による光化門をバックにした群舞があった。光化門の後ろにはかつて朝鮮総督府が建てられていた。〈独立宣言書〉に「人類がみな正しいと考え大切にしていること、そして、時代を進めようとするこころをもって正義の軍隊とし、人道を武器として、身を守り、進んでいけば、強大な権力に負けることはないし、どんな難しい目標であってもなしとげられないわけはない」「これまでの間違った政治をやめ、正しい理解と心の触れあいに基づいた、新しい友好の関係を創り出していくことが、わたしたちと彼らとの不幸な関係をなくし、幸せをつかむ近道である。」（外村大の訳から引用）とある。一九一九年の三・一独立運動から一〇〇年という機会は、日本の近現代における韓国の植民地化を私たちが考える意味で重要な節目と言えた。しかし、この機会に植民地問題を解決する方向に向かうどころか、日韓関係は最悪の関係が続くことになった。

本書は、このような二〇一九年に日本と韓国の間にある歴史認識の問題を、日本の中学校における社会科（歴史的分野）の教科書や授業実践を通して考えようとしたものである。その理由は、教科書の記述の中に歴史認識の問題が内包され、その記述が日韓両国の歴史認識の違いを浮かび上がらせるからだ。先行研究として君島和彦が『日韓歴史教科書の軌跡　歴史の共通認識を求めて』[1]で、日韓歴史教育者の交流、日本の歴史教科書のあり方の検討、日韓両国の教科書の検討を行っており、本書も君島の先行研究に負うところが大きい。

子どもにとって教科書とはいかなるものだろう。「そこからテストに出る」「テスト勉強で覚えるもの」。多くの生徒の答えである。「教科書の太字を覚えればいい」「テストに出るところだけ教えて」「教科書に載ってないことはいい」と考える生徒がいることも確かだ。

教科書に記述される歴史事実とされないものとはどこで区別されるのか。教科書に記述される歴史事実とはどんな意味をもつのか。

教師も、「教科書にあるから教える」「教科書にないから教えない」「教科書にないことは教えない」「教科書にないことは教えない方がいい」という思考になってはいまいか。教科書にないことは教えてはいけないのだろうか。

戦前の教科書は国定教科書として五期にわたって発行され、国民を帝国臣民として教化する道具として使用されてきた。戦後、一九四八年より教科書検定制度が開始され国定ではなくなった。現在は、文部科学省の教科書調査官によって検定を受け、合格とされたものが教科書として発行され、生徒たちのもとに届く。

授業の主たる教材として教科書は存在する。中学生たちは、試験ともなると主たる教材である教科書をかじりつきで読み、まとめ、覚える。しかし、卒業するといとも簡単に捨てられてしまうのが教科書だ。生徒も教師も教科書を使って学びを形成する。戦後、三度にわたって教科書をめぐる大きな問題が起きた。どうしてそのような問題が起きたのか。また、それによって教科書記述はどのように変化したのか。本書は五つの章で構成している。

第一章では、戦後における教科書をめぐる動きとして家永教科書裁判を取り上げ、教科書問題の変遷を考えるとともに、訴訟を起こした家永が教科書に対してどのような思いをもっていたのかを探っていった。

第二章では、「慰安婦」記述の登場と政治介入の動きによる記述の変化について分析するとともに、「新しい歴史教科書をつくる会」の結成やその後分裂してできた「日本教育再生機構」による教科書記述の分析から、これらの組織がめざすものを検討した。

第三章では、「慰安婦」記述が教科書からなくなったことによって学校における教育活動にどのような影響がもたらされたかを筆者自身が体験したことを示すことによって、教科書の記述の有無が教育活動に与える影響について考えた。

第四章では日本の戦後の中学校歴史教科書における植民地支配の記述が時代とともにどう変化したかを追い、その変化の背景を探り、日本における植民地支配に対する歴史認識の根源を探った。

第五章では、「慰安婦」に関する小・中・高等学校や大学などにおける授業実践を分析するとともに、筆者のこれまでの実践を振り返った。また、植民地支配を通して「慰安婦」問題を考えるという新たな視点で行った筆者の授業実践を紹介する。

最後に、現在の状況の中で「慰安婦」問題を授業で取り上げる意味を本書の問題意識として記した。本書が今後、日韓に横たわる歴史認識の障壁を少しでも低くすることに寄与できるものとなっていれば幸いである。

第一章　戦後教科書の登場と教科書をめぐる問題

1　戦後教育の始まり

一九四五年の敗戦によって、それまでの教育勅語のもと、天皇のために命を投げ出す臣民を作る教育から基本的人権を尊重する民主的な教育へと急速に変化が求められた。敗戦から五か月足らずの間にＧＨＱによる改革を促す指示が相次いだ。そこには、神道教育の排除や、三教科（修身・日本歴史・地理）停止の指示など教育の民主化も盛り込まれていた。日本の民主化にとって教育の民主化こそ急務だったのである。

一九四六年、アメリカ教育使節団が来日し、各地を調査、報告書をマッカーサー連合国軍最高司令官に提出した。文部省はそれを翻訳して頒布し、衆議院では「文教再建に関する決議」を行い、吉田茂首相は「教育刷新委員会官制」を発表、八月に同委員会は南原繁東京帝国大学総長ほか三八名で発足した。

一方、文部省の若手たちの中で、教育勅語体制を脱していく道筋としての公民教育を模索しようと、一九四五年一一月、公民教育刷新委員会が「ＧＨＱと何らの関係なく自主的に成立し、運営された」[2]。

公民教育刷新委員会が出した第一号答申（一二月二二日）[3]では、「平和的文化的国家建設ヲ目ザス今日ニ在ツテハ、国民ノ教養ヲ高メ、社会意識ヲ深メ、以テ健全ナル共同生活ヲ建設スルニ役立ツ資質ヲ啓培スル為ニ、何ヨリモ先ズ公民教育ヲ刷新シテ、ソノ本来アルベキ姿ヲ実現セシメネバナラヌ」として、公民教育の目標を「公民教育ハ総テノ人ガ家族生活・社会生活・国家生活・国際生活ニ於テ行ツテキル生活ノヨキ構成者タルニ必要ナル智識技能ノ啓発トソレニ必須ナル性格ノ育成ヲ目標トスベキデアル」と示した。「第二号答申」（一二月二九日）[4]では、戦前の公民科の教育について、「上カラノ訓練ニヨツテ、国民ノ錬成ヲ目ザス傾向ガ強マリ、特ニ満州事変以後ハ公民教育ノ内容モ軍国主義的思潮ヤ極端ナル国家主義的傾向ニ歪曲サレタ」とし、上からの指導のみが重んじられた国家主義的な戦前の教育への批判的視点がうかがえる。また歴史認識を重視する立場から、実証的合理的な精神の徹底、事実を歪曲し隠蔽する態度や誤った歴史認識の排除といった科学性・実証性の重要性を述べている。そのうえで、新たな公民科の内容として、人と社会、家庭生活、学校生活、社会生活、国家生活、近代政治、近代経済、社会問題、国際生活、社会理想の一〇項目を提言した。

この答申の五か月後の一九四六年五月には、文部省から軍国主義・国家主義の排除や、人間性の尊重、民主主義の徹底、平和的文化国家の建設などを含んだ「新教育指針」[5]が出された。第一部は新教育の理論、第二部はその方法論が書かれている。はしがきには、「新しい日本の教育が、何を目あてとし、どのような点に重きをおき、それをどういう方法で実行すべきかについて、教育者の手引きとするためにつくった」とあり、その目的を「国民の再教育によって、新しい日本を、民主的な、平和的な、文化国家として建てなおすことは、日本の教育者自身が進んではたすべきつとめ」としている。特筆すべきは、「ここに書かれている内容を、教育者におしつけようとするものではない。したがって教育者はこれを教科書としておぼえこむ必要もなく、また生徒に対して教科書として教える必要もない。むしろ教育者が、これを手がかりとして、自由に考え、ひ判しつつ、自ら新教育の目あてを見出し、重点をとらえ、方法を工夫せられることを期待する」と述べている点だ。新しい教育の担い手としての教師への期待とともに、戦前の国家によって統制された教育ではなく、教師の自立性や自主性を重んじる教育を期待していたことがわかる。第一部の結びで、「われわれは新しい日本を平和的文化的国家として建設しよう。そして平和を愛し文化を求める人間をつくろう」と教師に呼びかけている。GHQの指令に基づくものとはいえ、この中には現在の教育においても通用する視点や方法論が述べられている。

2 『くにのあゆみ』の登場

一九四六年九月五日に『くにのあゆみ』が文部省から発行され、一〇月にはGHQから日本歴史の授業再開の許可が出された。『くにのあゆみ』は、同年五月にGHQからの指示で教科書の編纂委員に選ばれたメンバーで、きわめて短期間で編集されたものだ。臼井嘉一の論考[6)]をもとにその経緯を紹介する。GHQのトレイナー少佐は、宣伝的であってはならないこと、軍国主義・超国家主義（ナショナリズムが極端な形におし進められた反動的な国家思想を指す＊筆者）・神道の教義は説かず、皇国史観であってはならない、天皇の事績中心ではいけない、といった指示を出した。同時に文部省から出された「新国史教科書について」で、新しい歴史教育の方針が示された。㈠神話的伝説を省いて科学的に。㈡王侯貴族の歴史だけでなく、人民の歴史を。㈢狭い日本から見るだけでなく、広い世界的立場から。㈣戦争や政変の歴史よりも、産業経済文化の歴史を。以上の方針が、戦後の日本の歴史教育の方針となったと言える。

『くにのあゆみ』は、戦前の教科書が神話から始まっているのに対して、考古学的記述から始まっていることは画期的だった。その意味で科学的な歴史教科書の始まりとも言えよう。しかし、マルクス主義歴史学の立場からは強い批判が起こった。批判の焦点は、「日本の歴史を、「社会の形成・発展の歴史の観点」からとらえる立場からの批判であり、そしてその立場こそが社会の形成・発展を支える人民・民衆の生活とそのたたかいの立場でもあることを強調すべきだとするところに見いだされる」[7]と臼井は指摘する。しかし、『くにのあゆみ』は国民学校の教科書だったために、国民学校から小学校へと改変された一九四七年には小学校・中学校の副読本となり、教科書として日の目を見たのは一年足らずだった。

3　社会科の登場と歴史の復活

一九四七年三月三一日、「教育基本法」「学校教育法」が公布され、教育の機会均等、六・三・三・四制の実施、平和的民主主義的教育の実施などが明確化された。「教育基本法」[8]前文には、「個人の尊厳を重んじ、真理と平和を希求する人間の育成を期するとともに、普遍的にしてしかも個性ゆたかな文化の創造をめざす教育を普及徹底しなければならない。」と、新しい教育の方向性が示された。

そして、新しい教育課程として、「社会科」が誕生した。一九四七年に、アメリカのCourse of Studyを手本として、「学習指導要領一般編（試案）」、「学習指導要領社会科編㈠（試案）」「学習指導要領社会科編㈡（試案）」が出された。一方、戦前から続く生活つづり方運動[9]や生活教育運動[10]などを踏まえての「社会科」も民間から形成されていった。

また、一九五一年に改訂された学習指導要領の調査会には、後に歴史教育者協議会設立を担う高橋磌一や松島栄一、教育科学研究会委員長となる勝田守一らが加わり、中学三年の最終単元には、「われわれは、どのようにして世界の平和を守るか」[11]が加わった。この当時の文部省における教育刷新の動きには様々な立場から学識者が集められていたことがわかる。

しかし、一九四六年九月二七日、文部省内に設けられた教科課程改正準備委員会の会合で新しい教科・社会科とは別に「国史」が別個に設置されることがすでに決定していた。[12]この決定に基づいて同年一一月に中等国史教科書編纂委員会が発足した。ＣＩＥ（民間情報教育局）からは、「とりわけ社会科教育の目的に基礎をおいて、生徒たちが自分たちの生活している社会を理解することを助けるものである」こと、「問題単元で構成され、各章は生徒の活動を示唆する」ことなどが指示された。[13]委員には井上光貞、児玉幸多、松島栄一、高橋磌一、遠山茂樹、和歌森太郎ら約二〇名余りの歴史研究者や歴史教育者が名を連ねたが、この委員会によって作成された教科書原稿は実際には日の目を見ることはなかった。しかし、この成果は二つの潮流として戦後の歴史教育史上に流れ出たと編集委員の一人である松島栄一は述べている。[14]一つは、民俗学的歴史を重視した和歌森太郎による『日本の成長』（実業之日本社、一九五一年）、もう一つは民主主義科学者会議と歴史学研究会による『日本の歴史』（潮流社、一九四九年）だ。

一九四七年九月、文部省は検定教科書制度を発表し、国定教科書は一九五〇年度で廃止となった。この動きのなかで、同年六月に結成された日本教職員組合が、新しい教科書づくりに取り組んだ。中学校用の日本史教科書の編集にあたったのは、石母田正、井上清、江口朴郎、高橋磌一、遠山茂樹、永原慶二ら、研究者、教師らで、多くは中等国史教科書編纂委員会に集った人々だ。しかし、一九四八年教科書検定で日本史の教科書を受理しなかったため、彼らは自分たちの教科書を『日本の歴史』として潮流社から刊行した。

この教科書のまえがきには、「この書物は、……真に民主主義的な進歩的な立場から執筆され編集された点に、本書の最も根本的な特徴がある」とし、その特徴として九点を挙げている。㈠歴史上の事実をありのままにとらえ、社会生活を中心として、政治、経済、文化などを総合的に述べた、㈡いたずらに固有名詞をならべるようなことはしないで、歴史の動きを正しくつかむことに重点を置いた、㈢各時代の最もさかえた時期よりも、むしろ変革期の方に力点をおいて、歴史の進歩をいきいきとえがいた、㈣明治維新以後の近代に力点をおいた、㈤日本民族の民主的な伝統をあきらかにした、㈥日本歴史を世界史的観点からとらえた、㈦写真は本文を理解するうえに役立つとともに、この書物に書かれていない新しいことがらを考えだすことができるように選んだ、㈧設問は研究活動に重点をおき、また全体の理解のために、さらに学習効果の判定の上から、例として選んだ、㈨年表は、各時代・各世紀を世界史的観点から理解するうえに十分利用できるように作った、としている。内容的にも、まえがきの通り、近代に重きが置かれ、当時の教科書ではほとんど記述されることのなかった日本の植民地支配についても、「朝鮮の併合」「総督政治」という節を設け、詳細に書いている。この当時の学問水準に立脚した民主的な教科書と言えよう。この二つの教科書を生み出したことについて松島は中等国史教科書編纂委員会を指して、「社会科の問題点と、歴史教育の問題点が、触れ合った一つの場」[15]と述べている。

4 「うれうべき教科書の問題」

一九四七年の学習指導要領を抜本的に刷新して作られた一九五一年の学習指導要領には、中学校の社会科の目標とは別個に「中学校日本史の特殊目標」なるものが記された。以下の内容である[16]。

㈠ 日本の社会は概括的にみて、原始社会・古代社会・封建社会を経て近代社会へと発展しそれぞれの社会は本質的に相違することを理解すること。

㈡ それぞれの社会における人々の生活、生活上の問題解決を理解することを通じて、今日のわれわれの問題解決に資すること。

㈢ それぞれの社会における政治・経済・文化生活は、たがいに密接な関係をもっていることを理解し、これを総合して考える能力を育てること。

㈣ 日本の社会の発展をつねに世界史の背景のもとに理解するとともに、日本の特殊性を考え、現在の社会問題を世界史的に把握する能力を養うこと。

(五) 生徒の身近な生活環境の中に存する歴史の姿を通じて、日本社会発展の姿を理解すること。

(六) 文化遺産を正しく評価し、これを尊重し、積極的に親しもうとする態度・趣味を養うこと。

(七) 社会の進歩に貢献した先人の業績などを通じて、積極的に社会の発展に協力したり、他人から尊敬されるような人格を築きあげる態度・習慣を養うこと。

(八) 郷土および国に対して深い愛情と尊敬をもつとともに、世界各国の人々と友好的に交際する態度・能力を養うこと。

この八番目の項目に注目したい。「郷土及び国に対して深い愛情と尊敬をもつ」という文言である。「国を愛する態度」の登場だ。当時この作成に携わった人々は「愛国」というものをどのように考えていたのだろう。一九五一年の歴史教育者協議会第三回大会において「平和と愛国の問題を歴史教育においてどのようにとりあげたらよいか」が議論されている。「中学校日本史の特殊目標」の作成に携わった一人である高橋磌一は、「対米従属化の民族独立運動に思いをいたし、「愛国」を国家主義者の独占とさせないためにも、われわれがとりあげる必要がある。」と述べている。[17]

このころは、朝鮮戦争の勃発により再軍備が始まり、逆コースによって「レッドパージ」の嵐が吹き荒れていた。八番目の項目「郷土および国に対して深い愛情と尊敬をもつとともに、世界各国の人々と友好的に交際する」という文言に当時の指導要領を作成した人々の考える愛国、平和が盛り込まれていたと推測される。この指導要領は「試案」と明記され学習活動の例は示されていたものの、その具体的運用は学校の教員に委ねられていた。

しかし、一九五五年社会科だけ学習指導要領の改訂が行われた。試案の文字が消され、法的拘束性が文部省によって主張されるようになった。その背景には、朝鮮戦争以後のサンフランシスコ講和条約[18]（一九五一年）、ＭＳＡ協定[19]（一九五四年）という国際的なうねりがあった。吉田茂首相は一九五二年九月二日、自由党議員総会で、次のように述べている。

「物心両面から再軍備の基礎を固めるべきである。そこで精神的には教育の面で万国にかんたる歴史、美しい国土などの地理、歴史の教育により軍備の根底たる愛国心を養わなければならない。」[20]

そして一九五三年一〇月には池田・ロバートン会談が行われ、日本の軍備増強と米国の対日軍事援助が話し合われた。そこで、「会議当事者は日本国民の防衛に対する責任感を増大させるような日本の空気を助長することが最も重要であることに同意した。日本政府は教育および広報によって日本に愛国心と自衛のための自発的精神が成長するような空気を助長することに第一の責任をもつものである。」[21]と、愛国心・国防意識を子どもたちに植えつける教育を推進することが合意された。

これらを背景として一九五五年八月、日本民主党は『うれうべき教科書の問題』というパンフレットを発行して教科書が偏向しているとキャンペーンを行った。これを書いたのは大正期に小学校教師になり、戦後は日本教職員組合中央執行委員として活動し、自由党による日本教職員組合攻撃以降日本教職員組合を脱退し反日本教職員組合運動を展開した石井一朝という人物だ。

教科書をめぐる最初の攻撃[22)]（第一次教科書攻撃）が始まった。『うれうべき教科書の問題』は第一集から第三集まで出されたが、ここでは、第一集の目次（**図1**）を紹介する。

このパンフレットには、「いまや、日本の教育が、国民の気のつかないところで、教科書を通じて、くずれ去りつつあることが、あきらかにされた。」として、日本で使われている教科書を「赤い教科書」と表現し、日本共産党と日本教職員組合が工作して「おそるべき偏向」教育が行われていると記述している。教科書検定制度から国定制度への回帰をめざすものと言える。これが、この後数度にわたる教科書攻撃の源流となる。

これに対して、九月には宗像誠也や高橋磌一ら教科書編著者代表が日本民主党総裁鳩山一郎に抗議書を出し、一〇月には日本学術会議学問・思想の自由委員会も日本民主党に警告を出した。

教科書編著者らの抗議書[23)]の一部を紹介する。

「教育には、あすの日本の運命がかかっている。いやしくも教育の問題を論ずるには、これにふさわしい誠実さと知性をもってしなければならない。しかるにこのパンフレットは、全体にわたり、学問上の誤りと事実の曲解による低級な中傷に終始し、国民の判断を誤らせようとしている。与党である大政党が、このようなふまじめな文書を党の名においてあえて公表したこ

教科書問題報告第一集　昭和三十年八月　日本民主党

はじめに

第一部　商品化されてしまつた教科書の実情

一　教科書の数と価格

二　教科書出版の現状

三　教科書は高価すぎる

四　教科書の売りこみ競争

　イ　会社と教職員のつながり

　ロ　講習会，研究会とその裏面

　ハ　参与，顧問のセールスマン

五　政治資金を集める教職員組合

　イ　学校生活協同組合

　ロ　夏冬やすみの学習帳

　ハ　日記，テスト・ブツク，ワーク・ブツク，副読本

第二部　教科書にあらわれた偏向教育とその事例

一　教科書にあらわれた四つの偏向タイプ

二　四つの偏向タイプ

　イ　教員組合をほめたてるタイプ 宮原誠一編の高等学校用の『一般社会』

　ロ　急進的な労働運動をあおるタイプ 宗像誠也編の中学校用の『社会のしくみ』

　ハ　ソ連中共を礼讃するタイプ 小学校六年用の『あかるい社会』

　ニ　マルクス・レーニン主義の平和教科書 長田新編の『模範中学社会』三年用下巻

第三部　教科書に対する日共と日教組の活躍

一　ねらわれた教科書の検定制度

二　検定制度いよいよ発足

三　教科書研究協議会の実態

四　赤い教科書の最初のつまずき

五　日教組のドル箱である学習帳

六　教科書会社への潜入

あとがき

附録　参考資料

日教組の教科書「採択基準」（日本教育新聞所掲）

図１『うれうべき教科書の問題』第一集目次

とは、教育を一政党の道具とするものであって、私たちは深い憤りを感じないわけにはいかない。私たちは、学者としての自己の良心に基づき、憲法と教育基本法の精神にしたがって、教科書の編集と執筆にあたった。万一このパンフレットに盛られたような主張が通るとすれば、学問の成果が無視されるだけでなく、憲法と教育基本法そのものも偏向として否認されてしまうであろう。このパンフレットは単に私たちの名誉を傷つけるだけでなく、学問と思想の自由ならびに民主主義教育全体を脅かすものである。このパンフレットは、政治の力によって白を黒と言いかえ、真実と自由を抑圧した戦時中の思想統制を思い起こさせるものである。私たちは教育に一生をささげている者として、またみずから子をもつ親として、このような恐るべき傾向にたいしては、どこまでも反対する。それが子どもたちの幸福と日本の将来に対する私たちの責任であると信ずる。以上の理由により、ここに説明書を添えて日本民主党に抗議するとともに、率直な反省を求め、このパンフレットの撤回を要求するものである。」

教科書を執筆した歴史研究者の声は、そのまま今に至る教科書攻撃に対する歴史研究者や歴史教育者の声と言ってよいだろう。

家永三郎は日本民主党の教科書パンフレットを痛烈に批判した。

「過去の日本の侵略戦争に対する一かけらの反省さえ見られない。単に中国をはじめとする隣邦の人民に対してばかりでなく、なによりも同胞である日本国民に対する許しがたい残虐行為であったところの太平洋戦争その他の侵略戦争が無条件に肯定せられ、これを批判的に取り扱うことが「偏向」である、とされているのである。この冊子の筆者の意識は、そのまま戦争中の権力者の意識につらなるものであって、その間に少しのギャップも見いだされないのである。……（中略）……太平洋戦争の責任を日本人自身の手で処理しなかった報いは、……日本の今日に抜くことのできない禍根をのこしたのである。そのひとつがこのような形となってあらわれたというべきであろう。日本国憲法の前文には「政府の行為によって再び戦争の惨禍が起こることのないようにすることを決意し」と明言している。……（中略）……この憲法下にあっては、太平洋戦争を賛美する教育は右の明文に照らして絶対に許されないのであって、……もし「日本軍の勝利に拍手を送るような」教科書があったとしたら、それこそ憲法違反であって、そのような教科書こそ「偏向」の教科書と言わねばならない。もしこのような冊子のような立場から「偏向」でないとされるような教科書が作られるならば、そこにはどんな内容が盛られるのであろうか。もしこの冊子の筆者たちの権力の下で国定教科書が作られたら、いったいどんな教科書ができ上がるであろう。想像するだけでも冷水三升の感がある。不幸にして、そのような事態に立ちいたったならば、歴史教育はまったく科学と民主主義から切断せられ、虚偽と歪曲、隷従と戦争との讃美に充満した教科書による教育が、権力の庇護の下で大手をふって横行するにいたるであろう。しかも、それは白日夢とは言えない。現に衆議院の第一党の公的機関の手で、そのような方向を示唆するこの冊子が頒布されているではないか。一昨年の九月、二七〇名の歴史学研究者が「学校における日本史教育の方針が、少しでも戦前のそれに後もどりさせようとする一切の企図に強硬に反対する」旨の声明書を発したのは、實にそのような悲しむべき事態の到来を危惧したために外ならない。不幸にして、それは杞憂に終わらず、今やその危惧は濃厚なる実現性を備えて、私たちの眼前にあるのである。歴史学の研究に従事する学徒、および歴史教育に従事する教育者は、科学的にしてかつ民主主義的精神に立脚する歴史教育を擁護するために、手をたずさえて立ち上がらなければならないであろう。」[24]

家永はこの一〇年後に教科書裁判を提訴する。それは『うれうべき教科書の問題』に端を発した検定制度の悪化への歴史学者としての矜持をかけた裁判だった。

『うれうべき教科書の問題』が出された一九五五年一一月、民主党と自由党の保守合同によって自由民主党が誕生した。翌年、自由民主党は教育委員の任命制を導入する地方教育行政の組織及び運営に関する法律や教科書検定を強化するための教科書法の教育二法を国会に上程した。教育委員会法は強行可決されたが、教科書法案は廃案になった。しかし、文部省は一九五六年に教科書調査官制度を新設し、検定を強化した。一九五七年には小中学校の検定の結果、社会科の三分の一が不合格となった。「これまでの匿名のＡＢＣＤＥ五人一組の調査員に第六の人物Ｆが加わったために、中学校社会科の八種の教科書が不合格にされた。この八種は、いずれも日教組の教育研究集会の講師団の人びとが編集に参加しているものであった。「Ｆ項パージ」といわれたＦなる人物は、太平洋戦争を美化して公職追放されていた哲学者の高山岩男であった。また、新設の教科書調査官には、皇国史観の古代史家村尾次郎が選任された。」と宮原武夫は述べている。[25] この検定制度の強化により一九五五年以降六〇年代にかけて教科書の検定不合格が相次いだ。

一九五八年一〇月、文部省は小中学校の学習指導要領[26]を改訂し、文部省告示として初めて官報に公示し、「法的拘束力を有する国家基準」とした。中学校社会科では一年で地理的分野、二年で歴史的分野、三年で公民的分野という〝ザブトン型〟と呼ばれる履修方法を打ち出した。また、社会科の目標では、一九五五年の指導要領では日本国憲法の精神に則って、「人間相互の関係における協調の精神を養う」や、国を愛する心情のほかに「他国民を敬愛する態度を養う」などがあったが、一九五八年の指導要領では、「他国民を敬愛する態度を養う」という文言はなくなり、社会科全体の目標として「郷土や国土に対する愛情を育てる」「世界における我が国の立場を正しく理解させ、国民としての自覚を高め」という文言が付け加えられた。

5　家永教科書裁判と杉本判決

一九六五年、家永三郎東京教育大学教授が国・文部省を提訴した。家永教科書裁判と言われるものである。家永教科書裁判は、一九六五年の国に国家賠償を求めた第一次訴訟、一九六七年の文部大臣に教科書検定処分の取り消しを求めた第二次訴訟、一九八四年の国に国家賠償を求めた第三次訴訟と、三次三三年にわたって行われた憲法裁判であった。

その背景には、一九五五年の『うれうべき教科書の問題』として偏向教科書攻撃が行われて以降、「教科書検定が思想審査制を露骨に帯びるようになった」[27]ところにある。

家永は、第二次訴訟第一審での原告本人尋問で提訴の動機を次のように語っている。

「私は、戦前世代の一人でありまして、私の同世代の同胞は何百万人となくあの無謀な戦争の為に、あるいは大陸の荒野に、あるいはわだつみの底に、あるいはジャングルの奥に悲惨な死を遂げております。空襲のもとに、原子爆弾のもとに、悲惨な死を遂げております。私は幸いにも生き残りました。しかし、私は何ら祖国のために、この無謀な戦争を止める努力をすることもできず、むなしく祖国の悲劇を傍観したという罪を、本当に心から申し訳なく思っております。再び、戦争を明るく書かせ、再びアメリカの従属のもとに、日本を戦争にかりたてるような教育政策に対して、抵抗しないで、もし、このまま死んだならば、私は死の床によこたわったときに、もう一度あの時なぜああしなかったかという後悔を繰り返すことになると思います。私は、もうあのような後悔を繰り返したくありません。私は力の弱い一市民でありますけれども、戦争に抵抗できなかった罪の万分の一なりとも償いたいという信条からあえてこうした訴訟に踏み切った次第であります。」[28]（一九六九年七月一二日、第二次訴訟第一審原告本人聴取より）

提訴に至るまでの経過をたどってみたい。家永は高校日本史教科書として『新日本史』（三省堂）を執筆してきたが、一九六二年に五訂版の検定申請が不合格となった。そのため一九六三年に若干の修正をして再度検定申請をしたが、三二三か所にわたる修正要求が付けられたうえでの条件付き合格となった。修正要件としては、古事記、大日本帝国憲法、太平洋戦争などに意見が付いた。

具体的にどのような修正意見が付いたのかを以下に示す。

挿図「本土空襲」「原子爆弾とそのために焼け野原となった広島」「出陣する学徒」「工場で働く女子生徒」「戦争の惨禍が終わっても、戦傷兵士の失われた手足は永久に帰ってこない。この悲惨な姿は、『政府の行為によってふたたび戦争の惨禍が起こることのないようにすることを決意し』という憲法の一節の切実な意味を私たちに何よりも雄弁に告げるものであろう。〈白衣の傷痍軍人の写真〉」。この原稿に対し、一九六三年不合格理由口頭告知によると「「出陣する学徒」「工場で働く女子生徒」のように戦争に一生懸命協力している明るい面も出ているが、全体として暗すぎる」という意見が付され、「「焼け野原となった広島」と「戦争の惨禍」の二図を削除し、「真珠湾攻撃」「学童疎開」」の二図を代わりに加えた。」と家永は記している。[29)]

戦争の実相は暗く重苦しい悲惨なものであるにもかかわらず、戦争に協力していった人々を明るく描かせようという意図による検定だった。これに対して家永は、一九六五年六月、現行の教科書検定制度は「検閲」であって違憲であり、表現・出版の自由を脅かし、学問の自由・教育の自由を侵し、教育への「不当な介入」であるとして、国家賠償請求を起こした。国家権力が教科書検定という強制力をもって、教育の場で基本的な教材である教科書に真実を記述することを妨げようとする学問・思想の自由への侵害を、家永は何としても許すわけにはいかなかったのである。

第一次訴訟の翌年の一九六六年一一月、家永は条件付き合格になるためにやむを得ず修正した六か所の記述を復活させるために『新日本史』の部分改定を申請した。文部省はこれについても翌年検定不合格としたため、家永は文部大臣を相手に検定処分取り消しを求める行政訴訟を起こした。これが第二次訴訟である。

教科書執筆やこの裁判にかけた思いについて、家永は次のように述べている。

「日本人が日本国家あるいは日本国民の戦争責任に固執した責任追及を続けることに対し、それは自虐的に過ぎ、特に教育の世界で日本の非を教えることは祖国への嫌悪感を植え付け、愛国心を喪失させる結果をもたらすと非難する俗論が、社会の一隅からくり返し唱えられている。一九五七（昭和三二）年四月、文部省が家永三郎著作の教科書原稿に対する検定をおこなったときに、「過去の史実により反省を求めようとする熱意のあまり、学習活動を通じて祖先の努力を認識し、日本人としての自覚を高め、民族に対する豊かな愛情を育てるという日本史の教育目標から遠ざかっている感が深い」ということを不合格理由の一つに数えているのは、十五年戦争の部分に特定したものではないけれど、上記の俗論と同一の発想から出ているのは明白であろう。「民族に対する豊かな愛情を育てる」ためには「過去の史実により反省を求めようとする熱意」が障害になるという基本論理において一致しているからである。実はこのように「過去の史実により反省を求めようとする熱意」を棄て、徒らに「祖先の努力」――そのうちには同胞あるいは他民族他国民を残害する「努力」が多々含まれていたことを看過してはならない――をその内容を識別することなしに美化することのみが「民族に対する豊かな愛情を育てる」ゆえんであるという考え方こそが、十五年戦争の悲劇をもたらした重要な原因のひとつであったのではないか。この種の倒錯した「愛国」の俗論に対し、すでに一九世紀以来、私たちの先人がきびしい批判を対置させていたのである。」[30]

この文の初出は一九八五年であるが、この一〇年余り後に「新しい歴史教科書をつくる会」などによる自虐史観キャンペーンが繰り広げられることをまるで予感していたかのような書き方だ。日本の負の歴史を描くことを「自虐的」とする考え方に対して、「倒錯した「愛国」」と家永は鋭く批判したのである。

また家永は、「敗戦前の日本国民は、政府の政策にしたがって画一化された非科学的で反民主主義的かつ好戦主義的な精神で貫かれた教科書で教育を受けてきた。あの不義無謀の戦争に多くの国民が協力し、ばく大な犠牲をはらう悲劇に追い込まれたのも、一つには戦前の国家権力が全国民を学校教育、特に教科書を通して魂ぐるみ丸がかえにしてきたことによるところが大きいと言ってもさしつかえない。それにもかかわらず、一世紀近く教育内容の決定が国家の手に握られ、教科書は文部省の作った国定教科書か、文部省の検定に合格した検定教科書かでなければならないという時代が続いてきた。……教育内容を政府が決め、教科書は少なくとも出版前に文部省のふるいにかけられるのが当然という、私から見れば「国民的迷信」とでもいうべきものが、あまり疑われることなく通用してきた。しかし、よく考えてみれば、思想・良心・信教・表現などの精神的自由を無制約的に保障している日本国憲法が、教育内容という、もっとも高度の精神的領域を権力の統制下に置くことを許していいはずがないではないか。権力の教育統制は、国民が権力からどのような人間になるかを強制されることを意味するのではないか。……日本国憲法が厳存しているのに、その精神に忠実にのっとった教科書の出版を妨害されて泣寝入りしていることは、結局憲法の破壊または空洞化を許すのと同じになろう。勝敗を度外視しても、法廷で徹底的に争い、当方の主張を法廷外の国民に広く訴えて「国民的迷信」の打破のための警鐘を乱打する。国民が教育内容の権力統制のいかにすさまじいものであるか、それを放任することのいかに恐ろしい結果につらなるかを理解してくれれば、法廷内の勝敗など問題ではない、というのが私の訴訟にふみ切った根本の動機であった。」[31]とも書いている。

戦前の国家によって統制された教育の恐ろしさを痛感していた家永は、十五年戦争を美化することを良しとせず、教科書の内容に国家権力が介入してくることに絶対的反対を貫いた。家永の拠って立つところは憲法だった。自ら「運動」に弱いという家永は、その戦いの場を法廷に求めた。しかし、家永の意思とは裏腹に、一九六五年九月には「教科書検定訴訟を支援する歴史学関係者の会」、一〇月には「教科書検定訴訟を支援する全国連絡会」、「教科書裁判を支援する全国学生連絡会」が相次いで結成され、家永を支える運動が国民的運動へと広がっていった。法廷では、歴史学研究者や現場の教師などが歴史学と歴史教育について次々と証言を展開した。第一次訴訟から第三次訴訟までで家永側の証人になった主だった人物を挙げる。南原繁、宗像誠也、大久保利鎌、星野安三郎、黒羽清隆、高橋磌一、永原慶二、大田堯、藤木久志、直木孝次郎、藤原彰、大江志乃夫、黒田俊雄、浪本勝年、佐々木潤之介、松島栄一、遠山茂樹、末川博、鹿野政直、山住正巳、堀尾輝久、中塚明、笠原十九司、加藤周一、石山久男ら歴史・教育・法学研究者や現職の教師ら合計一二〇名余に及んだ。

家永裁判の判決において画期的だったのは、第二次訴訟における杉本判決だ。一九七〇年七月、東京地方裁判所民事第二部の杉本良吉裁判長は、日本における憲法裁判史上初めて、子どもの学習権、教師の教育の自由が憲法上保障されることを明らかにしたうえで、国(行政)による教育内容介入は、憲法・教育基本法上厳しい制約があり、家永教科書の三件六か所に対する検定不合格処分は、違憲・違法であるとし、上記不合格処分を取り消す判断を示した。この判決の理由の骨子の冒頭に「子どもの学習権」が据えられている。単なる学習権ではなく「子どもの」としているところに大きな意味がある。教育はなによりも子ども自らの要求する権利と規定し、子どもの尊厳や人格、人権が尊重されなければならないことを明かにしたうえで、子どもを未来における可能性をもつ存在として、将来において人間性を十分に開花させるべく学習の保障こそ国民的課題とした。そして、人間の価値は本来多様であり、国家は人間の内面的価値に中立であり、個人の内面に干渉し価値判断を下すことはしないとの判断により、国家ができるだけその自由を尊重してこれに介入するのを避けるべきとした。[32]

この判決は新聞の第一面で報じられ、『朝日新聞』一九七〇年七月一七日夕刊では、「検定、内

朝日新聞（夕刊）　昭和45年（1970年）7月17日　金曜日　30377号　（日刊）

朝日新聞　夕刊

検定、内容介入は違憲

教科書裁判 文部省が敗訴

思想審査になる

教育権、国民に帰属

検定制度自体は認める

東京地裁判決

「不合格」取消せ　文部省上訴へ

教育の自由 正面から回答

画期的判決に敬意

今日の問題　勤労青少年の日

原告勝訴ののぼりを立て喜ぶ支援団体の人たち

図２　『朝日新聞』1970年7月17日付夕刊

容介入は違憲」「教科書裁判　文部省が敗訴」「思想審査になる」「教育権、国民に帰属」「検定制度自体は認める」といった見出しが並んだ（図2）。翌日の『日本経済新聞』も朝刊・夕刊にわたって詳細に掲載。リードには「三大憲法裁判（あとの二つは長沼ナイキ訴訟、朝日訴訟＊筆者）のひとつと言われる教科書裁判」と書くなど、社会全体が注視していた裁判と言える。杉本裁判長は記者会見で「今度の裁判を通じて、学校の先生が何人か証人になったが、困難な環境で教育の任に当たるこれら先生を、国もわれわれもバックアップし、大切にしなければならないと痛感した。」[33]と語った。

一方、文部省は判決直後の一九七〇年八月七日には初中等局長の名で各都道府県知事、および教育委員会教育長宛に「教科書訴訟の第一審判決について」として、杉本判決を批判し、この判決は未確定のもので教育行政に「何ら影響を受けるものではありません」から、その旨「貴管下の市町村教育委員会および学校関係者等」に「周知されるよう願います」という「通知」を出している。[34]このことからも文部省が受けた衝撃の大きさがわかる。この判決によって文部省が検定行政を抑制する効果を生み、一九七〇年代になるとアジア太平洋戦争における日本による侵略や加害の記述は大きく前進した。

6　新たなる教科書攻撃と家永第三次裁判

家永教科書裁判への支援運動が広がっていくなか、第二次訴訟の判決を前に政府や自民党、保守勢力は危機意識を強めた。一九七九年一〇月、『うれうべき教科書の問題』の執筆者である石井一朝が『じゅん刊・世界と日本』（二五三・二五四合併号）に「新・憂うべき教科書の問題」を掲載し、一九八〇年一月から自民党機関紙『自由新報』が「いま教科書は――教育正常化への提言」の連載を開始するなど再び教科書が偏向していると攻撃を開始した。[35] これを「第二次教科書攻撃」という。国会では、自民党や民社党議員が、国語教科書に掲載されている「大きなかぶ」を共産主義の宣伝と主張し、公民教科書についても権利やデモばかりと攻撃した。自民党は、教科書検定の強化や採択区域の広域化などを盛り込む教科書法案の上程をしようとした。実際には上程に至らなかったが「文部省はこれを機に「削る検定」から「書かせる検定」へと検定を強化していった」[36]。

「書かせる検定」の実態が、一九八二年六月二五日に文部省が一九八三年度から使われる高校教科書の検定結果を発表したことによって明らかとなった。新聞は南京大虐殺の事実の歪曲や日本の「侵略」を「進出」と書き換えさせたと大きく報道した（図3）。その結果、中国政府と韓国政府が相次いで日本に歴史教科書の改竄について公式に抗議、是正を要求した。また、朝鮮民主主義人民共和国や東南アジア諸国からも批判の声が上がり、教科書検定が外交問題に発展した。日本政府は、中国・韓国政府に正式に謝罪し、八月二六日に「歴史教科書に関する宮沢内閣官房長官談話」[37]を出した。ここに、「韓国、中国等より、こうした点に関する我が国教科書の記述について批判が寄せられている。我が国としては、アジアの近隣諸国との友好、親善を進める上でこれらの批判に十分に耳を傾け、政府の責任において是正する。」と記された。当初、中国・

朝日新聞　1982年(昭和57年)6月26日　土曜日　34658号　(日刊)

教科書さらに「戦前」復権へ

文部省　高校社会中心に検定強化

「侵略」表現薄める

古代の天皇にも敬語

国民意識統合ねらう

「検定の密室化」も着々

新しい高校社会科教科書＝文部省で

主な記事から

パ・リーグ前期、西武が初優勝（17面）

外務省首脳、韓国提案を拒否（2面）
異常な風土―シリコンバレー（3面）
IBM、日本企業へも支配網（4面）
レバノン左派、PLO"絶縁"（7面）
三菱総研が強気の景気見通し（8面）
国債急落、今年の最低水準に（9面）
「公民」教科書全面改訂は一社（22面）

図３　「書かせる検定」の実態を報じた記事

韓国政府は具体策を示さない日本政府に同意しなかったが、日本政府が是正措置について説明し、外交問題に決着をつけた。その是正措置として文部省は教科書検定基準に「近隣のアジア諸国との間の近現代史の歴史的事象の扱いに国際理解と国際協調の見地から配慮がなされていること」といういわゆる「近隣諸国条項」[38]が付け加えられた。しかし、この決着のつけ方は決して日本が主体的に行ったのではなく、あくまでも近隣諸国からの要請があったからに他ならない。しかも、政府の責任で是正するという形にしたことは、教科書記述に関する政府の介入を許すという禍根を残すことになった。

これらの一連の動きは、教科書検定の実態が、杉本判決後も本質的に変わっていないことを示すものであり、家永の教科書『新日本史』も例外ではなかった。相変わらず執拗な検定意見が家永の教科書にはつけられていた。一九六〇年代以上の厳しい検定の現状を座視するわけにはいかないと考えた家永は、一九八四年一月、東京地方裁判所に国家賠償請求訴訟を提訴した。新たな提訴では、検定意見の中から八か所の記述に絞り込んで、各個別の検定が違憲として出された。その八か所とは「草莽隊」「親鸞」「日本の侵略」「南京大虐殺」「朝鮮人民の反日抵抗」「日本軍の残虐行為」「七三一部隊」「沖縄戦」だった。

具体的にどのような意見が付けられたのか、沖縄戦についた意見と家永と調査官のやりとり[39]を以下に示す。

原稿本では、「沖縄戦は地上戦の戦場となり、約一六万人もの多数の県民老若男女が戦火のなかで非業の死をとげたが、そのなかには日本軍のために殺された人も少なくなかった。」とあるのに対し、調査官は「沖縄の県民の犠牲の問題なんですが、これも昨年来いろいろ審議会で議論されたところでございまして、すでに新聞などにも発表しておりますように、沖縄戦の全貌がわかるような書き方をしていただきたいということでございます。「そのなかには日本軍のために殺された人も少なくなかった」と。これはおっしゃるとおり事実ですね。しかし、その損害の中のいちばん人数的に多い一般市民の場合は、やはり集団自決というのがいちばん多い[40]ので、それをまず第一に挙げていただきたいと。これももちろん数まではわからないわけですけれども、例えば岩波の『総史沖縄戦』など見ましても、やはり挙げてある数は集団自決がいちばん多い。俗に言われますのでは渡嘉敷島とか、座間味村と読むんでしょうか、そこで合わして六〇〇人以上と、全体で八〇〇人うんぬんというふうな数字もよく挙げられますが、その数字は必ずしも信用できないにしても、数の点では集団自決が多いということで、それもこれに加えていただきたいと。これも修正意見です。」と述べている。

そこで、第一回修正分として家永は、「約一六万の多数の老若男女が、米軍の攻撃や、集団自決や、あるいは日本軍によって壕から弾丸雨飛の地上に追い出されたり、また壕内では泣声を立てる幼児やスパイと目された人たちが殺害されたりするなど、戦火のなかで非業の死をとげた。」と再提出をした。ところがそれに対しても「こんなに訂正が大きくなると修正意見の範囲を逸脱する。他を削ってまで新しいことを入れるのは範囲を超えているので認められない。集団自決が数的に多いので入れよといっただけ。」と再修正を要求した。合格となった記述は「約一六万の県民の老若男女が砲爆撃にたおれたり、集団自決に追いやられたりするなど、非業の死をとげたが、なかには日本軍に殺された人々も少なくなかった。」であった。

沖縄戦に関しては、当初から家永の記述自体も少なく、沖縄戦の実相を十分表しているとは言えない。しかし、短い行間に「日本軍に殺された人も少なくなかった」と書くことによって家永は沖縄戦が住民を守るための戦いではなかったことを高校生たちに伝えようとしていた。ところが、文部省は、集団自決を第一に書かせることに執着した。それは、沖縄戦による住民の死が自発的に国のために命をささげた崇高な死であったことを印象づけようとするものだったと言える。文部省が書かせようとした集団自決は、決して日本軍によって強制や誘導されたものではなく、あくまでも住民自らの意思で死を選んでいったというものだった。集団自決の都合のいい部分だけを切り取った歴史歪曲と言わざるを得ない。だからこそ、家永は修正稿で、沖縄戦における住民殺害の実態を詳細に書いたのだ。しかし、文部省にとっては、詳細に書くのではなく、あくまでも集団自決だけの記述にこだわった。検定を強化する文部省の姿は、第一次・第二次訴訟でも問題になった「戦争を明るく描け」という検定意見と何ら変わっていないことを明らかにした。

米軍に対して、勇敢に戦い、自ら死を選んでいった住民の姿を書かせようとするのはなぜなのだろうか。

一九七九年、イギリスでサッチャー政権、一九八一年、アメリカではレーガン政権が誕生した。日本でも一九八二年、中曽根政権が発足し、日本を不沈空母になぞらえ、戦後政治の総決算を声高に叫び、靖国神社の閣僚参拝を実施、のちには国鉄（現ＪＲ各社）・電電公社（現ＮＴＴ）・

専売公社（現ＪＴ）の民営化をはじめとする「大行革路線」へと走っていく。家永が第三次訴訟を提訴した年の八月には、中曽根は政治主導による教育改革をおし進めるために臨時教育審議会を発足させた。藤田英典は次のように書く。「この臨教審の委員構成では、初等・中等教育の研究者（教育学者）は圧倒的に少なく、その一方で、……教育自由化や規範意識の徹底などを提言していた「世界を考える京都座会」（松下幸之助により一九八三年創設。以下、京都座会）のメンバーをはじめ、特定の思想傾向のある法人・団体人脈の関係者が多かった。……具体的には、教育学者のうち一名は後に「新しい歴史教科書をつくる会」の副会長になった人物（高橋史朗＊引用者注）である」[41]。「つくる会」に関わっている人物は他にも数名入っている。国家に貢献する子どもをつくろうとする教育を推進する中曽根内閣の発足が、検定を強化させるアクセルになったと考えられる。

家永が第三次訴訟でこれらの事象を選んだのは、「検定意見の違法性が明白であるだけでなく、その背後にある一定の思想的傾向を浮き立たせることを意識して」[42]のことだった。

第三次訴訟は日本の侵略や加害についてその歴史的事実も立証するために、歴史研究者だけでなく、森村誠一や本多勝一といった作家やジャーナリストを証人に立てた。また、沖縄戦の出張法廷も行い集団自決の生存者である金城重明を聴取するなどによって、沖縄戦の実相が明らかにされ、集団自決が起きた要因をはじめとして、沖縄戦全体の認識が深まり広まっていった。

家永第三次訴訟は、一九九七年三月二九日の最高裁第三小法廷における大野判決をもって終了した。第三次訴訟だけでも提訴から一三年を要した長きにわたる裁判だった。

大野判決は、合憲か違憲かの判断は退けたものの、大きな歴史的意義がある判決であった。具体的には、審判の対象となった個別の箇所について、「朝鮮人民の反日抵抗」と「日本軍の残虐行為」については合法三に対し違法二、「七三一部隊」では合法二に対して違法四、「沖縄戦」は全員一致で合法となった。そのため、最高裁法廷で違法性が認められたのは「七三一部隊」だけだった。しかし、下級審で違法と認められていた「草莽隊」「日本軍の残虐行為」の一部、「南京大虐殺」と今回の「七三一部隊」を合わせると四か所の違法性が認められたことになった。特に大野は「朝鮮人民の反日抵抗」の箇所について、以下の意見を述べている。

「特に近現代史の歴史を記述するに当たっては、自国の発展や利害の視点のみに立って歴史的事実の取捨選択や評価をすべきではなく、広い視野に立ってこれを行うべきであり、このことは、昭和五七年の旧検定基準の改正によって「近隣のアジア諸国との間の近現代の歴史的事象の扱いに国際的理解と国際協調の見地から必要な配慮がされていること」との規定……が新たに設けられたことに徴しても明らかである。「朝鮮人民の反日抵抗」の現行記述は、日清戦争を日本の近代化という側面だけではなく、朝鮮への日本軍の軍事的進出が朝鮮人民に与えた影響という側面でも取り上げたものであって、その配慮に基づく記述を高等学校の歴史教科書から削除する必要があるとする教育的観点を発見することはできない。教育的観点を考えるならば、むしろ次の警世の言葉に留意すべきであろう。「教科書にうそを書く――とくにごく近年のことをすり替えた修辞で書く――国は、やがてはつぶれます……」（司馬遼太郎『対談集・東と西』二四三ページ）。」

また、「日本軍の残虐行為」に関しても、大野は「我が国が近現代において近隣諸国の民衆に与えた被害を教科書に記述することは特殊なかたよった選択ではなく、また自国の歴史を辱めるものでは決してない。「過去に目を閉ざす者は結局のところ現在にも盲目になります。非人間的な行為を心に刻もうとしない者は、またそうした危険に陥りやすいのです。」（永井清彦編訳『ヴァイツゼッカー大統領演説集』岩波書店、一〇ページ）という見解を我が国高等学校の日本史教科書検定において排除しなければならない理由を私は知らない。」[43]と述べている。

文部省による検定に対して真正面からその違法性が最高裁で確定したことの意味は大きく、恣意的な検定への歯止めともなるものであるとともに、歴史修正主義者の動きに大きな枷をはめた貴重なものといえる。しかし、一方で歴史事実の認定を司法が行うことによって歴史事実が確定されることについては、歴史学研究者や歴史教育者にとっては考えていかなければならない課題である。

そして、この裁判の法廷でのやりとりによって、先述の沖縄戦だけでなく、日本の加害や植民地支配の事実について具体的な認識が広がり、戦争責任や戦後補償の問題が社会の中に提起された。この家永教科書裁判によって教科書における日本の加害の事実などに関する記述は大きく進歩していったことを忘れてはならない。

しかし、その後も、文部科学省による教科書検定への介入は続いた。二〇〇五年、慶良間諸島における集団自決は軍の命令によるものではなく住民の自発的な意思で起きたものであるとして、日本軍の元戦隊長らが裁判を提訴し、二〇〇七年に高等学校の日本史教科書から沖縄戦の集団自決の記述で軍の強制といった語句が削除修正される事態が起きた。この検定が第一次安倍政権のもとで起きたことを忘れてはならない。

安倍政権を継承するとして登場した菅政権が日本学術会議会員の任命を拒否するという事態が二〇二〇年、菅政権発足とともに起きた。教科書問題とは直接関係のないことのように思えるが、これは明らかに思想差別であり、学問の自由を脅かす行為であり、憲法違反である。現在二六の人文系学会が共同声明を出し、大学や市民団体も任命拒否撤回の要求を上げている。これを放置すれば、学問の自由が侵害されるだけでなく、教育の場においても政府の見解を書かない教科書が不合格にされ、政府の見解通りに教えない教師が排除されていくのではないだろうか。戦前の滝川事件や天皇機関説事件を想起させる大きな問題である。

この問題はともすれば学者だけの問題とされやすい。しかし、学問の自由は、私たちの暮らしの土台を形成するものである。政府に都合のいい学問だけが奨励され、軍事研究にだけ費用が投入される一方、憲法学や歴史学といった政府を批判するような内容も含む学問が制限され、その学問成果が認められない社会になれば、戦前と同じような全体主義国家が登場することは必至である。首相による任命拒否を許しては、これが糸口になって、政府の介入がありとあらゆるところに広がっていく可能性が生まれる。

家永三郎が教科書裁判を行い、戦後の教育裁判史上画期的な判決と言われる杉本判決が出てから五〇年になる。改めて家永教科書裁判に学ぶべきことは多い。

第二章　一九九〇年代における第三次教科書攻撃と現在

1　教科書に登場した「慰安婦」記述

一九九〇年代は、家永訴訟の影響を受けて、教科書記述において戦争における加害などの記述が充実した時代である。

一九九一年八月一四日、韓国の金学順（当時六七歳）は元「慰安婦」として、初めて顔も名前も出して自らの体験を証言し、同年一二月六日には元軍人・軍属とともに日本政府に謝罪と賠償を求めて東京地裁に提訴した（**図４**）。

金の証言の前年に遡る一九九〇年六月の参議院予算委員会で、本岡昭次参議院議員（当時社会党）が「慰安婦」の実態調査を日本政府に要求したところ、「民間の業者がそうした方々を軍とともにつれて歩いているとか、そういうふうな状況のようでございまして、こうした実態について私どもとして調査して結果を出すことは、率直に申しましてできかねると思っております。」[44]という答弁が労働省（当時）の職業安定局長からなされた。金はこの答弁をきっかけに「慰安婦」として名乗り出ようと考えた。

同年一二月一二日に宮澤喜一内閣は「慰安婦」問題の資料調査を決定した。一九九二年一月一一日、軍の関与を示す資料を防衛庁図書館で吉見義明中央大学教授が発見したと報道され、同月一七日に訪韓した宮澤喜一首相は盧泰愚大統領に「慰安婦」問題に関して公式謝罪をした。同年七月六日には加藤紘一官房長官が「軍の関与は否定できない」[45]との談話を発表した。当時の政

「恨」の半世紀 決意の訴え

元慰安婦提訴

「逃げたら死ぬぞ」そして、翌朝から

金学順さん「胸痛い、でも話す」

地裁入り口で 全員が黙とう

涙ながらに会見する原告の金学順さん
＝6日午前、東京・霞が関の司法記者会で

元慰安婦ら日本政府を訴え

補償求めて韓国の35人「人道への罪」問う

東京地裁

図４　金学順さんの東京地検への提訴を報じた記事

権には戦争責任・植民地支配責任について良心をもって対応しようとする人々が少なからずいた。

日本政府は一九九三年から調査を重ね、同年三月の参議院予算委員会で谷野作太郎外政審議室長が、「強制」という言葉に関わって、「いろいろな意味合いがあろうかと思いますが、ごく自然に強制ということを受け取りまして、その場合には単に物理的に強制を加えるということのみならず、おどかしてといいますか、畏怖させてこういう方々を本人の自由な意思に反してある種の行為をさせた、そういう場合も広く含むというふうに私どもは考えております。[46]」と答弁している。ここに定義された意味で「強制」をとらえ、韓国とのやりとりのなかで、官房長官談話が作成され、一九九三年八月四日、河野談話[47]として発表された。

この談話で、日本政府として「慰安婦の募集」「慰安婦の移送」「慰安所の設置、管理」に日本軍の関与を認め、「多数の女性の名誉と尊厳を深く傷つけた」問題とし、「歴史の教訓として直視し」、「歴史研究、歴史教育を通じてこのような問題を長く記憶にとどめ、同じ過ちを決して繰り返さないという決意」を公式に表明した。

被害女性たちへの同情や共感の声が沸き起こり、ニュースでも大きく取り上げられ、「慰安婦」を扱ったドキュメンタリーもつくられるなど、「慰安婦」問題への注目が集まった。そして、河野談話にあった「歴史教育を通じて長く記憶にとどめる」ことの表れとして、一九九四年にすべての高校日本史教科書に、一九九七年にはすべての中学校歴史教科書に「慰安婦」記述が登場することになったのである。

一九九三年八月四日、河野洋平内閣官房長官が「河野談話」を発表した後、政治の上での激動があった。同年八月五日、非自民八党連立による細川護熙政権が登場したのだ。八月二三日、細川首相は所信表明演説において、アジア太平洋戦争について「過去の我が国の侵略行為や植民地支配などが多くの人々に耐えがたい苦しみと悲しみをもたらしたことに改めて深い反省とおわびの気持ちを申し述べる。」[48]と発言した。

一九九四年に自社さ三党連立によって村山富市内閣が誕生すると、元「慰安婦」に対する謝罪も検討され、「従軍慰安婦問題等小委員会」も作られた。そして、戦後五〇年となる一九九五年には過去の大戦をどうみるかで大きな議論が沸き起こった。前年から自民党や新進党などからも謝罪や不戦の決議への反対の声が上がり、「日本遺族会」「日本を守る国民会議」（のち日本会議）「英霊にこたえる会」のキャンペーンにより地方議会では「英霊」を称える決議運動が取り組まれた。[49] 侵略戦争という言葉や謝罪や反省といった言葉をめぐるせめぎあいのなかで、一九九五年六月九日、衆議院本会議で戦後五〇年決議を採択し、八月一五日には「戦後五〇周年にあたって」の首相談話（村山談話）[50]が発表された。その中で村山首相は「わが国は、遠くない過去の一時期、国策を誤り、戦争への道を歩んで国民を存亡の危機に陥れ、植民地支配と侵略によって、多くの国々、とりわけアジア諸国の人々に対して多大の損害と苦痛を与えました。私は、未来に誤ち無からしめんとするが故に、疑うべくもないこの歴史の事実を謙虚に受け止め、ここにあらためて痛切な反省の意を表し、心からのお詫びの気持ちを表明いたします。」と述べ、「独善的なナショナリズムを排」して国際協調のために行動し「過去に対するつぐない」を誓ったのである。一九九五年六月一四日、「女性のためのアジア平和友好基金」の設置を発表し、募金による償い金と福祉事業費を実施するために、同年七月に「女性のためのアジア平和国民基金（アジア女性基金）」が発足した。

2　政治問題化する「慰安婦」問題

自民党は一九九三年八月に、「歴史・検討委員会」を立ち上げ、約二年にわたって検討委員会を開き、『大東亜戦争の総括』（展転社、一九九五年）を出版。教科書批判の開始や「大東亜戦争」肯定の歴史認識を国民に普及していくことなどが記された。一九九六年一月、村山首相の退陣に伴い橋本龍太郎内閣が発足した。五月、板垣正参議院議員が、高校教科書の「慰安婦」記述に対して、「未成年者の女性を強制的に慰安婦として働かせたと一面的に記述するなど歴史の真実に基づいたものでなくても歴史的事実として取り上げているものがある。検定のあり方も含め、もっと真剣に教科書を扱ってほしい。」[51]と自民党総務委員会で発言した。

六月には「歴史・検討委員会」を引き継ぐ形で、自虐的な歴史認識を見直し、健全な日本人の育成を目指すとして「「明るい日本」国会議員連盟」（奥野誠亮会長）が発足した。奥野は「慰安婦は商行為、強制連行はなかった。」[52]と発言し、中学校・高校教科書での「慰安婦」記述を非難したのをはじめ、板垣正同議連議員も「お気の毒だと思うが、官憲が首に縄をつけて連れて行ったわけではない。強制的に連れて行ったという客観的証拠はあるのか。」[53]などと批判を繰り返した。「慰安婦」の事実そのものを否定できなくなっている以上、そこに強制性があったか、商行為であったかということに論点をずらしての批判がこのころから主になっていった。すべての中学校歴史教科書に「慰安婦」が記述されると文部省から正式に発表されるのは六月二七日だが、保守政治家らのなかではすでにこの情報を前提にして、「慰安婦」の真実を矮小化するような発言が展開されていたのである。

一九九六年六月二七日、一九九七年度の中学校教科書検定結果が公開され、すべての中学校歴史教科書（七社）に「慰安婦」記述がされたことが発表されたのを機に、自民党内部では、本格的に教科書改悪を目指す動きが活発化し、党内に「教科書検定問題に関する検討小委員会」を立ち上げ、藤岡信勝を講師に学習会を重ねた。「「明るい日本」国会議員連盟」は九月に総会で教科書から「慰安婦」「南京大虐殺」などの記述の削除訂正、教科書正常化を選挙公約にすること、教科書正常化を推進することなどを決議した。一二月一一日には板垣正参議院議員が参議院予算委員会で一九九七年度版の教科書について以下のように述べている。

「日本の国を悪く、自分の国を悪くばかり記述されておる。教科書で学んだ子供たちが果たして日本の将来に希望をもつか、とてももてない、学ぶほど日本が嫌になると。中学校の歴史を学んだある学校の中学生たちは、日本は汚い、ずるがしこい、心が狭い、卑怯な、恐ろしい、とてつもなく悪い、世界で一番悪い国だという感想を書いた。……この国が侵略をし、殺りくを行い、あるいは慰安婦をどうこうしたという一色に塗りつぶされてしまった。……やはりこの教科書、いろんな問題点があります。……特にいわゆる従軍慰安婦の問題が七社、七冊の本に全部載っておる。一体、中学生の子供たちにそうした問題を教科書で取り上げて教えるというようなことは、これはもう規則以前の常識的な問題、まともな考え方に沿ったものなんだろうか。……今からでもせめて慰安婦の問題は削除してもらいたい。…いわゆる従軍慰安婦問題について……強制連行というものは事実上なかった、……それがあたかも日本軍だけがそういう極めて特殊な組織を持ち、軍の権力をもって強制連行したんだ、ひどい目に遭わせたんだと、こういうふうにイメージづけられるように七社七冊の教科書というのはできているじゃありませんか……。政府の平成五年八月三日の河野官房長官談話を裏づける強制連行の資料などというのはない。広い意味における関与、衛生管理とか輸送とか施設の管理、そういうものはあり得たでしょう。しかし、強制連行をやったという、そういうイメージを与える河野官房長官の見解というものが政府の一つのよりどころになっているというのは紛れもない事実ですよ。「教科書が教えない歴史」、これはもう既に三十五万部読まれている。こういう国民の思いを、大臣、考え直してもらいたい。[54]」

これを機に、国会の場で「慰安婦」記述を教科書に記載することについて議論がされていくとともに、地方議会などでも岡山県議会を皮切りに、教科書から慰安婦記述削除の陳情が続くことになった。[55] また、「慰安婦」だけでなく日本の加害の歴史として従来から歴史的事実として認識されてきたことにまで歴史修正的な発言が閣僚や政治家から相次ぐようになっていった。

一九九七年二月二七日には自民党の当選五回以下の議員が中心となって「日本の前途と歴史教育を考える若手議員の会」（代表・中川昭一、事務局長・安倍晋三）を結成し、文部官僚、教科書会社関係者や学者を招き積極的に聞き取りをするとともに、それを『産経新聞』などのメディアを通じて発信し、「慰安婦」を記述した現行の教科書は「自虐史観」によるものであって、教科書に載せるべきではないというキャンペーンを大きく展開していった。また、右翼団体も街宣車で文部省前や教科書会社前で抗議宣伝をしたり、教科書会社や執筆者へ脅迫状が送りつけられるなど不穏な動きも起きていった。そして、一九九七年五月、憲法改正を目指す「日本会議」が結成され、日本会議国会議員連盟が発足し、積極的に教科書問題にかかわっていくようになる。

3　「新しい歴史教科書をつくる会」の誕生とその歴史観

自民党を中心とする政治家たちの教科書批判を理論的に支え、教科書批判を展開していったのが、「自由主義史観研究会」と「新しい歴史教科書をつくる会」（以下、「つくる会」）であり、その中心となったのが藤岡信勝である。教育科学研究会のメンバーとしてリベラルな立場で教育研究活動をしていた藤岡が、大きく転向したのは湾岸戦争とその後のアメリカ留学だった。藤岡はその立場を転換させるうえで、湾岸戦争から平和主義の無力を学んだという。[56)] 藤岡は明治図書から刊行している雑誌『社会科教育』で一九九四年四月号から九六年二月号まで約二年にわたって「「近現代史」の授業をどう改革するか」（のちに「「近現代史」の授業改革」と改題）と題して連載をし、戦後の歴史教育や歴史教科書への批判を展開した。そして、一九九五年に「自由主義史観研究会」を立ち上げ、『近現代史の授業改革』を機関誌として発行、『産経新聞』に「教科書が教えない歴史」[57]を連載し、教科書攻撃を強めていった。『産経新聞』には、「自虐を正義と勘違い。悪意に満ちた歴史観教養」「すさまじいばかりの暗黒史観・自虐史観・反日史観のオンパレード」[58]といった激しい言葉で藤岡らの現行歴史教科書批判が載せられ、以降は同紙をはじめとする右派系メディアで「自虐史観」の名のもとに既存の教科書が語られるようになっていった。

特に「慰安婦」問題に最も先鋭な矛先を向けた藤岡は、「史実にもとづかないものであり、日本国民を精神的にいじけさせ、日本人としての自覚、気概を踏みつけるだけのもの」[59]と感情的な言質を振りまいている。彼の考えの背景となるものは何なのだろうか。

一九九七年一月三〇日に「つくる会」が藤岡らによって結成された。その設立趣意書には、「戦後の歴史教育は、日本人が受け継ぐべき文化と伝統を忘れ、日本人の誇りを失わせるものでした。特に近現代史において、日本人は子々孫々まで謝罪し続けることを運命づけられた罪人の如くにあつかわれています。……私たちのつくる教科書は、世界史的視野の中で、日本国と日本人の自画像を、品格とバランスをもって活写します。……子どもたちが、日本人としての自信と責任を持ち、世界の平和と繁栄に貢献できるようになる教科書です。」[60]とある。

二〇一五年に出された安倍首相による戦後七〇年談話[61]にも「日本では、戦後生まれの世代が、今や、人口の八割を超えています。あの戦争には何ら関わりのない、私たちの子や孫、そしてその先の世代の子どもたちに、謝罪を続ける宿命を背負わせてはなりません。」とあることと類似しているのは決して偶然ではない。

4 「慰安婦」記述への攻撃と消滅

一九九七年度版のすべての中学校歴史教科書（七社）に記述された「慰安婦」が、二〇〇二年度版では本文に記述したのは日本書籍と清水書院、脚注に記述したのは帝国書院だけである。「慰安婦」を記述した教科書が七社から三社になった。検定意見が付いたわけではない。

一九九八年六月、町村信孝文部大臣は国会で、「私も幾つかの教科書を読んでみたときに、全体のバランスがどうかなというところでいささか欠けている点があるのではないか。特に明治以降の日本の歴史というものを振り返ったときに、当然、よかった点あるいは反省すべき点、両方あるんだろうと思いますが、いささか日本の歴史の特に明治以降、否定的な要素を余りにも書き連ねている印象を与えるそういう歴史の教科書が多いような印象を私も個人的にもつております。その辺を今後の教科書の検定、あるいはそのもう一つ前の執筆の段階から各編集者に、もう少しいいバランスを保てないんだろうか、そして採択の段階でもう少し改善すべき余地はないんだろうか、そんなことを今教科書検定に関する審議会で御議論をいただいているところでございます。」[62]と答弁した。これを受けて、一九九九年一月、文部省幹部が中学校歴史教科書出版社の経営者に対して、内容の是正と著者の見直しを要請した。中学校教科書の編集中に内閣官房長官から中学歴史教科書出版社の社長宛に「慰安婦の記述は慎重に扱うよう」という要請があり、記述の削除の決断がされたものと思われる。[63]

二〇〇二年度版の記述の変化の背景にこのような政治的な動きがあったのだ。「慰安婦」記述を残した三社のなかでもその記述には差違があった。「朝鮮などアジアの各地で若い女性が強制的に集められ、日本兵の慰安婦として戦場に送られました。」「これにもとづいて、強制連行された人たちや、元慰安婦の女性や南京事件の犠牲者たちが、日本政府による謝罪と補償を求めて、次々に裁判を起こしています。(「日本の戦時処理」)」「写真の説明　金学順さんのうったえ、日本政府に謝罪と賠償を求めて裁判を起こした金学順さん。(一九九一年)」と、より記述を充実させた日本書籍に対し、清水書院は「戦地の非人道的な慰安施設には、日本人だけでなく、朝鮮や台湾などの女性もいた。」、帝国書院は「戦時中、慰安施設へ送られた女性や、旧日本軍人として徴兵された韓国・台湾の男性などの補償問題が裁判の場にもちこまれるようになりました。」と、「慰安婦」という語句をなくしている。また、教育出版は「慰安婦」を想定した記述をしていたが、検定によって修正させられている。

事実に最も即した記述をしていた日本書籍の歴史教科書は、「つくる会」などの攻撃の標的にされ、二〇〇一年の採択で半減し、二〇〇四年度までで廃刊となった。二〇〇六年度版では、日本書籍を引き継いだ日本書籍新社がそれまでとほとんど変えずに「慰安婦」を記述した。また、帝国書院も脚注に記述を残したが、清水書院は記述をなくし、「慰安婦」を記述する教科書は二社となった。そして、二〇一二年度版では日本書籍新社は歴史教科書を発行せず、帝国書院も記述をなくしたことで、「慰安婦」を記述する教科書はなくなった。

5　検定制度と採択制度の変更

二〇一三年一一月、文科省は検定制度に関わって、「教科書改革実行プラン」[64]を発表し、このプランを具体化した教科書検定の新検定基準を発表した。検定に文科省がより強く介入することができるようになった。第二次安倍政権発足直後の二〇一三年一月、安倍首相の私的諮問機関「教育再生実行会議」が発足し、道徳の教科化、教育委員会改革などを次々と提言した。安倍首相は「強い日本を取り戻していくため、教育再生は不可欠」と力説し、トップダウンで教育政策を実施していった。その改革の一つがこのプランと言える。教科書の内容について、南京事件などを念頭に、特定の事柄を強調しすぎず、通説的な見解がない場合はそのことを明示し、政府見解や最高裁判例に基づいた記述をすることなどを求めたものである。「通説的見解」など基準は不明確で、教科書会社を萎縮させるなど、「過度の教育介入で子どもの学習権を侵害する恐れがある」[65]との日弁連の指摘にもあるように、歴史教科書の記述をますます政府の意に添うように書かせる流れとなっている。

また、二〇一七年五月二三日に出された「教科書の改善について（報告）」[66]において、「学習指導要領の記述の意味や解釈の詳細について説明するために作成されている学習指導要領解説をより踏まえて教科書記述に適切に反映していくこと」という文言が入り、指導要領だけでなく解説にまで拘束力があるかのように位置づけられた。このため、二〇二一年度版教科書では、解説に書かれている文言がそのまま教科書に記述されることになった。

「慰安婦」記述がなくなった原因は検定や政治家からの批判などだけではなく、教科書採択制度が変更されたことも大きな原因となっている。教科書採択は、全国を複数の採択地区に分け、そこに採択地区協議会が設けられ、選定作業が行われている。当初は学校票方式といって各学校で教科書を検討し、学校ごとの票を提出、その集計をもとに採択地区協議会が選定をしていた。学校の教師の声を取り入れた民主的な方式と言える。二〇〇〇年まで東京二三区で使用されていた中学校歴史教科書はすべて日本書籍のものだった。「つくる会」は、日本書籍の教科書はマスコミで最も多くの問題点が指摘されていると主張し、日本書籍の教科書が選ばれたのは学校票方式のせいであって、現行採択制度に問題があると、学校票方式の廃止などを求めて請願や陳情を一斉に行った。日本書籍の教科書を「自虐的」とマスコミでやり玉に挙げて酷評したのは「つくる会」だった。『産経新聞』をはじめ右派的なメディアによる偏向教科書キャンペーンのために日本書籍は大幅にシェアを落とした。一方、「つくる会」が出した教科書の採択状況も惨憺たるものだった。

「つくる会」は二〇〇二年度版で自らの教科書の採択が伸びなかったのは採択制度に原因があると、教科書の採択権は教育委員会にあるのは自明で、学校票など教員の声を反映させた採択制度は違法であり、教育委員が全教科書を自分で調べて採択せよと主張した。[67] 文科省は教育委員会の権限と責任で採択するようにという通知を二〇〇二年八月に出し、東京都杉並区や栃木県大田原市で「つくる会」二〇〇六年度版教科書が採択されることにつながった。杉並区では区長が「つくる会」教科書採択を有利にするための教育委員人事を行い、藤岡らが採択委員会を傍聴するなか、僅差で「つくる会」教科書の採択が決まった[68]。この採択制度の変更によって、教科書を使う教職員が教科書を選べず、市町村長によって任命された教育委員が政治的な思惑により採択を行うことになっていった。このことも、「慰安婦」記述の後退に大きな影響を与えていると言わざるを得ない。

6　「慰安婦」記述の復活

二〇一五年に行われた教科書検定では新たな風が吹いた。現職の教員や元教員たちが立ち上げた学び舎の中学校歴史教科書『ともに学ぶ人間の歴史』が検定に合格し、二〇一六年度から使われることになったのだ。「子どもの側に立って、子どもの目を意識しながら、中学生向けの歴史教科書をつくりたい」[69]という思いから学び舎の歴史教科書は生まれた。その「問い直される戦後」という章で、「一九九一年の韓国の金学順の証言をきっかけとして、日本政府は、戦時下の女性への暴力として人権侵害についての調査を行った。そして、一九九三年にお詫びと反省の気持ちをしめす政府見解を発表した。」と書き、資料として「河野洋平官房長官談話」（一九九三年）の要約を載せ、「慰安婦」記述が復活したのだ。教科書から記述がなくなって四年ぶりのことであった。ところが、この検定において、政府見解を載せるようにという意見がつき、注として

「現在、日本政府は、「慰安婦」問題について「軍や官憲によるいわゆる強制連行を直接示すような資料は発見されていない」との見解を表明している。」と入れざるを得なかった。近隣諸国条項は、現在の検定によって骨抜きにされたと言える。しかし、「慰安婦」を記述しても検定を通るということが明らかになった出来事だった。

二〇二一年度版では、山川出版社が「戦時下の国民生活」という章の脚注で「戦地に設けられた「慰安施設」には、朝鮮・中国・フィリピンなどから女性が集められた（いわゆる従軍慰安婦)。」と記述し、学び舎と山川出版社の二社が「慰安婦」を記述することになった。

「慰安婦」記述に関しては、一九九七年度版から後の教科書ではしだいに記述が減り、一時はなくなり、二〇二一年度版では二社で復活したとは言うものの、シェアの大きい教科書では記述はないままと言える。現在最もシェアのある東京書籍では、「こうした動員は女性にもおよび、戦地で働かされた人もいました。」と「慰安婦」を想定した記述がなされているが、教師が意識的に取り上げない限り、素通りされてしまう記述と言える。つまり、中学生にとって「慰安婦」という記述に出会う可能性は限りなく少ないのが現状なのだ。

しかし、「慰安婦」を教科書に記述することについて政府は執拗にその排除を目論んでいる。二〇二一年四月二七日、菅義偉内閣は、「政府としては、「従軍慰安婦」という用語を用いることは誤解を招くおそれがあることから、「従軍慰安婦」又は「いわゆる従軍慰安婦」ではなく、単に「慰安婦」という用語を用いることが適切であると考えており、近年、これを用いているところである」という答弁書を閣議決定した。

五月一〇日の衆議院予算委員会で、菅首相は「教科書の検定基準は閣議決定その他の方法により示された政府の統一的な見解が存在している場合は、それに基づいて記述されることになっている」と答弁し、一二日の衆院文科委員会でも文科省の串田俊巳統括審議官が「今年度の教科書検定より、「いわゆる従軍慰安婦」との表現を含め政府の統一見解を踏まえた検定を行っていきたい」と述べるとともに、萩生田文科大臣も「今回の閣議決定で、今後記述がなくなっていくだろうと期待しているし、そうあるべきだ」と語った。萩生田文科大臣の発言は「文科省から教科書会社に訂正を求めることはしない」としながら、自主的に訂正申請させようという大きな圧力になっている。

河野談話を引き継ぐ答弁書と言いながら、事実上骨抜きにし、閣議決定でいったん検定を合格した教科書記述を二〇一四年に出された教科書検定の新基準を根拠にして訂正させようとしているのがこの事態である。

教科書は、研究者が事実による検証を行い、様々な議論を重ね、そこで学説として認められたものが、子どもたちの発達段階に即して記述されるものであり、学問研究の成果の多年にわたる蓄積を基礎とするものだ。歴史研究の専門性をもたない行政機関である内閣が、学問研究に基づいて記述された内容を閣議決定という手段によって恣意的に捻じ曲げることは、学問の自由を踏みにじり、子どもの学習権を奪う行為と言える。

萩生田文科大臣は一二日に「作り話がもとで世界が誤解し、学校の教科書にも登場する事態になったことは極めて残念だ」と述べた。日本軍によって強制的に「慰安婦」にされ、性暴力を受け続けてきた被害者の証言を踏みにじり、これまでの研究を否定する発言に他ならない。

教科書検定をめぐって、今なおせめぎあいが続いているのである。

7　育鵬社の教科書とは

一九九七年一月三〇日に藤岡信勝らによって結成された「つくる会」は、二〇〇一年には歴史と公民の教科書をフジサンケイグループの扶桑社から発行したが、二〇〇六年四月、内紛によって「つくる会」は分裂した。「つくる会」から脱退した八木秀次らが作った組織が「日本教育再生機構」である。その後、「つくる会」は自由社から、「日本教育再生機構」はフジサンケイグループの育鵬社から教科書を出すことになった。自由社はその後も採択部数は伸びず、二〇二〇年の検定では公民は合格したものの歴史は不合格、二〇二一年、再申請の末合格した。

育鵬社は二〇一五年の採択において全国シェアで歴史が六・三％、公民が五・七％と大きく採択部数を伸ばした。この背景には、当初から育鵬社教科書を推薦してきた安倍政権や日本維新の会との関係が大きいと言える。

育鵬社が歴史修正主義的と言われるゆえんは、「つくる会」と同じく、その記述にある。二〇二一年度版からその特徴を以下のように整理できる。

①日清・日露戦争を輝かしい日本の発展の時代の幕開けとしてとらえている。

②大日本帝国憲法をアジアで初めての本格的な近代憲法としてとらえている。

③植民地政策を正当化。
④アジア太平洋戦争を自存自衛の戦争と説く。
⑤日本国憲法はGHQによる押し付けと主張。
⑥中国や韓国、北朝鮮に対する敵対心をあおる。
⑦「明治維新はなぜ成功したのか」を考えさせるなど歴史的価値観を押し付けるアクティブ・ラーニング。
⑧主語を「わが国」と表現する特異な書き方。

などである。

日本を主語としたときに「わが国」と書く歴史教科書は育鵬社だけである。約一二〇か所あまりのところで、「わが国」という表現が登場する。ここに育鵬社教科書のこだわりがあると言える。「わが国」をどんな場面で使っているのか、その意図は何なのだろうか。

具体的な例を示そう。日清戦争後の三国干渉のところで、「わが国は「臥薪嘗胆」を合言葉に、国民が一体となってロシアに対抗できる力を備えようともしました。」とあるが、ここでは、この教科書を読んだ生徒たちに、当時の人たちが国の難局に向き合っていった思いに共感して一体感をもたせようという仕掛けを感じる。

また、「欧米諸国と肩を並べる国となりました。」「世界の海戦史に例を見ない戦果を収めました。」「その実力が世界に認められるようになりました。」などは、わが国と対をなすように日本人の優秀さをことさら強調するような記述である。

「わが国」が多用されるのが古代と近代であり、中世では元寇のみ、近世にはない。場面としては、日本がたたかいをする場面などで、「わが国」を用いている。まるで映画のクライマックスシーンなどで効果を上げる音楽さながらに、当時生きた人々と今の我々との一体感を共有させることを意図して使われている。戦前、こういった日本人の優秀性を鼓舞するなかで、アジア諸国への蔑視感が生まれていったことと同じ構造がここにはある。このような表現に対して佐藤広美は、育鵬社の教科書について、「日本の歴史や文化をことさらに誇り、誇示する教科書なのではないか。……子どもたちの自主的で主体的な学びをうながすはずの教科書の内容が、誇らしげに見せつけられる文体で書かれてしまっていたら、……主体性は影を潜め、言いなりの子どもが作られてしまうかもしれない。これらの教科書は、教科書の大切な原則を外してしまっているのではないか。」[70]と指摘する。

一方、「国民」「日本人」という語句もしばしば使われ、「戦時下の暮らし」という章では、「国民の多くはひたすら日本の勝利を願い、励ましあって苦しい生活に耐え続けました。」とある。いずれも、国民が一丸となって戦争に協力していった姿が描かれている。原口健治は「つくる会」教科書における類似した記述を例に出して、「国民のイメージはやはり一体となって戦争に協力した国民のそれのみである。しかもその戦争協力を「よく」働き、「よく」戦ったという肯定評価を含む言葉で表現することによって、戦争協力に対して読者が批判的な観点に立つ可能性を最初から閉ざしているのである。」[71]と述べている。

育鵬社教科書は沖縄戦の記述で、「日本軍は沖縄県民とともに必死の防戦を展開し」と、沖縄戦に巻き込まれた県民を表現する。ここには、学業半ばで動員させられた鉄血勤皇隊や女子学徒隊の姿や、陣地構築などに動員されスパイと疑われて殺された住民、軍命によって集団自決を強いられた人々の本当の姿はまったく捨象されている。すべてが日本軍とともに戦った県民とされているのだ。そうでなかった人々の存在はこの教科書で学ぶ限り出てくることはない。

そもそも、「わが国」という言葉を聞いて、どれだけの人が「わが国」と感じられるだろうか。「わが国」という概念を共有できる人しか育鵬社教科書は対象としていないように思える。「わが国」の範疇に入らない人は、この表現を読んでどう感じるだろう。この教科書の最も排他的な部分を表しているのが「わが国」という表現だ。現在、日本社会において様々なルーツをもつ人々が暮らし、公教育の場で学んでいる。日本国内に住む子どもたちは平等に公教育を受ける権利を有する。その公教育で使われる教科書に、あえて、「わが国」と思える人と「わが国」と思えない人を分断するような表現を用いることに、憲法の精神への軽視がある。育鵬社の教科書の「日本の現状とこれから」の「様々な課題」というところには、「様々な社会的差別や偏見をなくすことも重要です。」とあるが、「わが国」という記述こそが、「わが国」と思えない人への差別や偏見を助長することになる恐れを感じさせる。「つくる会」呼びかけ人の坂本多加雄は、歴史教育の目的は国民意識の育成であり、「われわれ」＝「国民」という意識の層が成立することが必要であって、「われわれ」を「アイデンティファイ」するものこそ、「国民の歴史」とし、そのための「国民育成の物語」が必要と言う。[72)] 会としては分裂しても、「つくる会」の方向性を、育鵬社も共有していることがその教科書記述から読み取れる。

そして、なにより育鵬社と他社の最も大きな違いは日本国憲法の理念に立脚しているかどうかである。育鵬社など歴史修正主義の教科書は日本国憲法をその成り立ちから内容までまったく評価することなく、アメリカの押し付け憲法と評する一方、アジア太平洋戦争を自存自衛の戦争ととらえる観点から教科書を作っている。その点で、育鵬社とそれ以外の教科書とは大きく立場を異にしていると言える。

育鵬社の教科書の発行に関わる中心人物である伊藤隆は、二〇一七年七月三〇日にＭＢＳ毎日放送が放映したドキュメンタリー番組『映像'17　教育と愛国』[73]のインタビューで以下のように語っている。


――歴史から何を学ぶべきですか？

「（歴史から）学ぶ必要はないんです」

――育鵬社の教科書が目指すものは何になるわけでしょうか？

「ちゃんとした日本人を作るっていうことでしょうね」

――ちゃんとしたというのは？

「左翼ではない。昔からの伝統を引き継いできた日本人、それを後に引き継いでいく日本人」「いまの反政府のかなりの部分は左翼だと思いますけども、反日といってもいいかもしれませんね」

伊藤らが作る教科書が目ざすものとして、「ちゃんとした日本人をつくる」と言っていることは何を意味するのか。育鵬社の教科書は執筆者たちがもつ一定の価値観に基づいたものであり、その価値観に則った日本人像を中学生たちに教え込む道具としての役割を担わされているということを意味している。

8　二〇二〇年度教科書採択の結果

育鵬社は二〇二〇年六月から八月にかけて行われた各採択地域での採択において、それまで採択していた神奈川県横浜市、藤沢市、大阪府大阪市、東大阪市、四条畷市、河内長野市などでの不採択が続き、大きく採択数を減らした。二〇二〇年度の採択結果で、育鵬社教科書は前回を大きく割り込み、歴史は冊数で約九割、学校数で約八割を失う壊滅的な敗北を喫した。[74] この原因はどこにあるのだろう。

具体的に東大阪市の例でみてみたい。東大阪市は二〇一一年、育鵬社公民教科書を採択した。当時は教科書採択運動に関して教師も市民も関心は低く、楽観的な予測をもっていた。しかし、市長と市長に任命された教育長によって育鵬社公民教科書が採択されたことに衝撃を受けた人々は、教職員組合や政治観の違いを超えて市民団体「オール東大阪」を結成し、九年間にわたる取り組みを続けた。教科書にどのような記述がなされているかに関心をもつ市民は少ない。東大阪市で採択された教科書がどんな教科書なのかを読んで、考えようとする「教科書を読む会」が結成され、先に批判ありきでなく、教科書の記述からその問題点を学んでいこうとする取り組みが始まった。東大阪市庁舎前で教科書採択に向けて市民に関心をもってもらおうとチラシ配布やスタンディングを行い、入学式でも市立中学校の正門前で中学生にこそ自分たちがこれから使う教科書について知ってもらいたいとチラシを配布した。教育委員会には、教職員や市民の意見の尊重、採択会議の公開・透明性を求める請願を行ってきた。九年に及ぶ運動によって、市民の中に、未来を作る子どもたちにどんな教科書で学ばせたいかを考えようという意識が高まっていった。二〇二〇年八月二四日に行われた東大阪市教育委員会議では、育鵬社教科書を教育委員の誰も推薦せず、育鵬社以外の教科書が採択された。政治的思惑によって教育委員だけが密室で教科書を採択しようとする動きが、公の場にさらされることにより、通用しなくなった証拠と言えよう。

二〇〇〇年以降の採択制度の改正によって、教科書を使う教職員が教科書を選べず、市町村長によって任命された教育委員が政治的な思惑により採択を行うようになり、全国の教科書採択に大きな影響を与えた。しかし、教職員や市民たちの間で、教育への政治介入に対する怒りのマグマは年を追うごとに高まり、息の長い運動が展開されていった。教職員や市民不在の採択に対して多くの人々が声を上げた結果が二〇二〇年に全国的に育鵬社教科書がシェアを落とした原因と言えるだろう。

9　今後の課題

育鵬社の教科書採択は激減し、自由社も力を失った。しかし、これで教科書問題は終わったわけではない。歴史認識をめぐっては、日韓の間で「慰安婦」問題は解決の糸口さえなく、徴用工問題をめぐってはメディアなどは日本政府の見解を一方的に報道し、日韓関係悪化のすべての責任が韓国にあるかのように受け止めている人は少なくない。一九九一年に金学順が告発したとき、多くの人々は「慰安婦」の人々の境遇に思いを寄せ、日本の行為を批判的に見る流れがあった。ところが、今や「慰安婦」をネット上で検索すると、「うそつき」「金をもらっていた」「強制ではない」という情報が溢れ、それを信じ込んでいる人々の多さに驚愕する。この三〇年近くの間に日本の中に生まれた〝嫌韓〟や〝反中〟という感覚が今や大勢を占め、影響を受けている人々も少なくない。あえて教科書に書かなくても、歴史修正主義的な考え方は市民権を得たと言えるのかもしれない。課題は山積していると言えよう。個別に課題を考えてみたい。

一つ目は、教科書記述の充実を求めることである。教科書に何をどう書くかということは、本来、歴史学研究の到達点に立脚し、執筆者・編集者の自由が保障されなければならない。しかし、文部科学省よる学習指導要領や解説、教科書検定基準・採択制度などによってその自由が奪われている。現在の状況は家永教科書裁判の提訴の時を彷彿とさせるくらい悪化していると言える。教科書記述の内容の改善に向けて、教科書会社にも努力を求める一方、現在の検定制度・検定基準を分析し、見直しを求めていく必要がある。

二つ目は、教科書採択の民主化を求め、高等学校と同じように小・中学校でも学校ごとに採択が行えるようにすることを求めていくことが必要である。目の前にいる子どもを教えている教師にこそ、子どもたちに使わせたい教科書を選ぶ権利と責任があるのではないだろうか。私立や国立の学校では実施されている仕組みでもあり、学校ごとに特徴のある教育を打ち出すように求められている今、公立の小・中学校でも学校で教科書を選ぶ権限はあって当然だろう。

第三章　教科書と授業

1　教科書に「慰安婦」記述がなくなったことで学校現場にもたらされた影響

二〇〇六年度版教科書まで「慰安婦」記述を残していた日本書籍新社が廃業し、帝国書院が二〇一二年度から記述をなくしたことにより、すべての中学校歴史教科書から「慰安婦」記述がなくなった。東京書籍は、アジア太平洋戦争における「戦時下の人々」の章で、「こうした動員は女性にもおよび、戦地で働かされる人たちもいました。」と記述し、これが「慰安婦」を想定していると言うが、「慰安婦」という語句そのものは消えている。二〇一六年度版として学び舎教科書が記述するまで四年間、「慰安婦」記述は教科書からなくなった。二〇二一年度からは「慰安婦」を記述している教科書は学び舎と山川出版社の二社になったが、どちらも採択数は非常に少ないのが現状である。「慰安婦」が教科書に記述されなくなったことは学校現場にどのような影響をもたらしているのか、筆者の体験から述べていきたい。

新聞記事をきっかけに

二〇一八年一〇月三日、『東奥日報』、『高知新聞』をはじめ各地の地方紙に、共同通信配信のシリーズ「憲法マイストーリー」が掲載され、筆者がこれまで行ってきた教育実践が紹介された。見出しは社によって多少の違いはあるが、「自分が慰安婦にされたら」「慰安婦　もし自分なら」という生徒の当事者性を問うタイトルが付けられた。以下に、『山形新聞』（二〇一八年一〇月五日付）に掲載された記事（図5）を紹介する。

憲法通年企画「憲法　マイストーリー」第一〇回

当事者となって考える　戦争の事実を若者に　慰安婦問題を教え続ける教師

大阪府〇〇中二年〇組の教室。九月一八日の三時間目は担任教師の平井美津子さんが教える社会科だ。地理の学習として生徒に「オリンピックが開催される東京」と題した手作りのプリントを配り、七つの設問に「〇」「×」で回答するよう求めた。二つ目の設問。オリンピックは（前回）一九六四年よりも前に東京で開催される予定だった——。「×か」「〇やろ」。生徒から声が上がる。平井さんが「これは〇。アジア太平洋戦争の頃に予定されてたんやけど、戦争やっているさなかにオリンピックやってる場合ちゃう、ということで返上したんや」と解説した。

アジア太平洋戦争は三一年の満州事変から四五年の敗戦までの総称。子どもたちがこの戦争について知るのは、もはや祖父母や当時を生きた地域の人ではなく、学校やメディアからがほとんどだ。

▽このままだと……

平井さんは再び戦争の惨禍が起きないよう、授業では戦争に至る過程から、加害、被害、抵抗、反戦など、戦争のあらゆる面を生徒に伝え、毎年夏休み前は「一つでもいいから見よう」と、戦争に関するテレビ番組の一覧表を配ってきた。「とりわけ（従軍）慰安婦を教えること

山形新聞　（第三種郵便物認可）　第47854号　（6）
論説・解説

憲法 MY STORY マイストーリー

慰安婦問題を教える教師　平井美津子さん

当事者となって考える

戦争の事実を若者に

大阪府吹田市立第一中2年7組の教室。9月18日の3時間目は担任教師の平井美津子さん（57）が教える社会科だ。地理の学習として生徒に「オリンピックが開催される東京」と題した手作りのプリントを配り、七つの設問に「○」か「×」で回答するよう求めた。

二つ目の設問。オリンピックは（前回）1964年よりも前に東京で開催される予定だった…。

「×か」「○やろ」。生徒から声が上がる。平井さんが「これは○。アジア太平洋戦争の頃に予定されてたんやけど、戦争やっているさなかにオリンピックやってる場合ちゃう、いうことで返上したんや」と解説した。

アジア太平洋戦争は31年の満州事変から45年の敗戦までの総称。子どもたちがこの戦争について知るのは、もはや祖父母や当時を生きた地域の人ではなく、学校やメディアからがほとんどだ。

このままでは再び

平井さんは再び戦争の惨禍が起きないよう、授業では戦争に至る過程から加害、被害、抵抗、反戦など、戦争のあらゆる面を生徒に伝え、毎年夏休み前は「一つでもいいから見ようよ」と、戦争に関するテレビ番組の一覧表を配ってきた。

「とりわけ（従軍）慰安婦を教えることにこだわってきた。性暴力であり、女性差別だからだ。元慰安婦の金学順さん（97年死去）たちの証言や陣中日誌といった1次資料を中心に学び、もし自分が慰安婦にされた女性や、慰安所を利用した旧日本軍の兵士だったら、どう考えるかを生徒に問い続けている」

生徒の答えは次のようなものが多い。

「私が慰安婦にされたら、たぶんどうにかして死のうと思います」

「自分が兵士になったら、女性を女性とも思わない人になってしまうのかと思って怖くなった」

「日本人としてここまでひどいことをやっていたなんて認めたくない」

中には「このままだと同じことが起こるような気がする」という声も。

2015年12月、安倍晋三首相が韓国の朴槿恵大統領に電話で「おわびと反省の気持ち」を語り、韓国の元慰安婦支援財団に日本が10億円を出すことなどにより、慰安婦問題を解決させることで日韓両外相が合意した。

平井さんは生徒に日韓合意を報じる新聞のほか、慰安所開設などへの旧日本軍関与や本人の意思に反して集められた慰安婦が多数いたこと（強制性）を認め、謝罪した1993年の河野洋平官房長官談話と安倍首相の今回の言葉を比較させるなどして「和解のために何が必要か」を考えさせた。

多くの生徒は日韓合意で被害者の元慰安婦が置き去りにされていることに気づき、彼女たちを抜きに「和解」はあり得ないと感想を述べた。

あらがうため学ぶ

歴史で慰安婦を教え続ける平井さんは、公民では日米安保と基地問題を取り上げ、修学旅行で生徒を沖縄へ連れて行く。

身を守るために潜んだ自然壕のガマを見る。ひめゆり学徒隊だった女性から話を聞く。「平和の礎」に刻まれた沖縄戦死没者の名前をなぞり、生徒たちはここでも当事者となって考える。

「私たちにできることは、戦争の悲惨さを知り自分がすばらしい環境に生まれ育ったことに感謝し、当時一生懸命生きようとした人々に恥じないよう、精いっぱい生きていくことだと思う」

こんな感想を寄せたのは、文化祭で沖縄戦の劇を演じた生徒だった。

平井さんが教師という職業を選んだのは、子どもたちに学ぶ楽しさを伝えられるからという。

夏休みも終わりに近い8月24日、綴喜教職員組合（京都府）の勉強会に招かれた平井さんは「美容師になっても当初はシャンプーばかり。医師だって、いきなりメスは持たない。でも教師はなったとたん先生や。あしたはもう少しいい教師になろうと思ってやってきた。教師になり続ける努力が必要だ」と20人ほどの教師に語り掛けた。

慰安婦を教え続けていると、攻撃してくる人もいる。

「負けたくないから、その都度あらがう。あらがうには、学ばなければならない。子どもたちにも理不尽なことがあったら、あらがおう、学ぼうと言ってきた」

平井さんは金さんが語った、次の言葉を何度も心の中で反すうしてきたという。「胸が痛い。でも話します。このことを歴史に残さなければなりません。若者に事実を教えなくてはいけません」

（共同＝竹田昌弘）

担任の2年7組で、生徒に何度も問い掛けながら社会科の授業をする平井美津子さん。立命館大で非常勤講師を務め、2017年10月には著書「『慰安婦』問題を子どもにどう教えるか」（高文研）を刊行した＝9月18日、大阪府吹田市（撮影・竹田昌弘）

ヒストリー

日本への賠償請求 全敗訴
韓国は政府の不作為「違憲」

金学順さんら韓国人をはじめ、中国人やオランダ人などの元従軍慰安婦が国に謝罪賠償などを求めた訴訟は10件あり、全て最高裁まで争われた。

原告勝訴は、賠償のための立法を怠ったとして元慰安婦3人に計90万円を支払うよう命じた1998年4月の山口地裁下関支部判決だけ。この訴訟の控訴審、上告審を含め他の訴訟は除斥期間（請求権が存続する20年）経過や日韓請求権協定による請求権放棄などを理由に原告敗訴とした。

ただ慰安婦被害を認定した判決は多かった。事実上、最後の最高裁判決・決定は2007年4月。

一方、韓国の憲法裁判所は11年8月、元慰安婦の賠償請求を巡り、韓国政府が積極的に対応してこなかった不作為を憲法違反と判断。韓国政府は直ちに賠償問題への対応を日本政府に求め、市民団体はソウルの日本大使館前に慰安婦被害を象徴する少女像を設置した。

＝随時掲載します

涙ながらに従軍慰安婦の被害を証言する金学順さん＝1991年12月6日、大阪市浪速区

従軍慰安婦問題の経過

1991年12月	元従軍慰安婦の金学順さんらが日本政府に賠償を求め東京地裁に提訴（敗訴確定）
92年1月	加藤紘一官房長官が旧日本軍の関与を認め謝罪（加藤談話）
93年8月	河野洋平官房長官が軍の関与と強制性を認め謝罪（河野談話）
95年7月	償い事業のための「アジア女性基金」発足（2007年3月解散）
2006年10月	安倍晋三首相が「狭義の強制性について事実を裏付けるものは出てきていない」と国会答弁
11年8月	韓国の憲法裁判所が元慰安婦の賠償請求を巡り、韓国政府の不作為を違憲と判断
12月	市民団体がソウルの日本大使館前に慰安婦被害を象徴する少女像設置
13年5月	橋下徹大阪市長が当時は慰安婦が必要だったとの趣旨の発言
14年8月	朝日新聞が「慰安婦にするため朝鮮人女性を強制連行した」との証言報道を取り消す
15年12月	日韓両外相が慰安婦問題解決に関する政府間合意を発表
17年12月	吉村洋文大阪市長が少女像設置を受け入れたサンフランシスコ市との姉妹都市提携を解消決定
	文在寅韓国大統領は「（15年の）合意では問題を解決できない」と表明

少女像

社説

新たに文部科学相に就いた柴山昌彦氏

を示したものだ。例えば、親に孝行し、家族と助け合い、友人とは信頼し合って成長するように求めた部分がある。これ

教育勅語は先に挙げたように、国民に家族や友人と協力しながら成長するよう求めた後、次の文章につながる。

民の基本的人権を損なうなどとして排除や失効を決議したのは、教育勅語がこのような形で利用されたことへの反省があ

【時鐘】　中銀総裁考

政策金利の上げ下げを柱とした金融政策のかじ取り

黒田氏の任期は当初18年6月末までだった。ところ

図5　筆者の慰安婦の授業を報じた記事

にこだわってきた。性暴力であり、女性差別だからだ。元慰安婦の金学順さん（九七年死去）たちの証言や陣中日誌といった一次資料を中心に学び、もし自分が慰安婦にされた女性や、慰安所を利用した旧日本軍の兵士だったら、どう考えるかを生徒に問い続けている」。生徒の答えは次のようなものが多い。「私が慰安婦にされたら、たぶんどうにかして死のうと思います」「自分が兵士になったら、女性を女性とも思わないことになってしまうのかと思って恐くなった」「日本人としてここまでひどいことをやっていたなんて認めたくない」。中には「このままだと同じ事が起こるような気がする」という声も。

二〇一五年一二月、安倍晋三首相が韓国の朴槿恵大統領に電話で「おわびと反省の気持ち」を語り、韓国の元慰安婦支援財団に日本が一〇億円を出すことなどにより、慰安婦問題を解決させることで日韓両外相が合意した。平井さんは生徒に日韓合意を報じる新聞のほか、慰安所開設などへの旧日本軍関与や本人の意思に反して集められた慰安婦が多数いたこと（強制制）を認め、謝罪した一九九三年の河野洋平官房長官談話と安倍首相の今回の言葉を比較させるなどして「和解のために何が必要か」を考えさせた。多くの生徒は日韓合意で被害者の元慰安婦が置き去りにされていることに気づき、彼女たちを抜きに「和解」はあり得ないと感想を述べた。

▽若者に真実を

歴史で慰安婦を教え続ける平井さんは、公民では日米安保と基地問題を取り上げ、修学旅行で生徒を沖縄へ連れて行く。身を守るために潜んだ自然壕（ごう）のガマを見る。ひめゆり学徒隊だった女性から話を聞く。「平和の礎（いしじ）」に刻まれた沖縄戦死没者の名前をなぞり、生徒たちはここでも当事者となって考える。「私たちにできることは、戦争の悲惨さを知り自分がすばらしい環境に生まれ育ったことに感謝し、当時一生懸命生きようとした人々に恥じないよう、精いっぱい生きていくことだと思う」。こんな感想を寄せたのは、文化祭で沖縄戦の劇を演じた生徒だった。

平井さんが教師という職業を選んだのは、子どもたちに学ぶ楽しさを伝えられるからという。夏休みも終わりに近い八月二四日、綴喜郡教職員組合（京都府）の勉強会に招かれた平井さんは「美容師になっても当初はシャンプーばかり。医師だって、いきなりメスは持たない。でも教師はなったとたん「先生」や。あしたはもう少しいい教師になろうと思ってやってきた。教師になり続ける努力が必要だ」と二〇人ほどの教師に語り掛けた。

慰安婦を教え続けていると、攻撃してくる人もいる。「負けたくないから、その都度あらがう。あらがうには、学ばなければならない。子どもたちにも理不尽なことがあったら、あらがおう、学ぼうと言ってきた」

平井さんは金さんが語った、次の言葉を何度も心の中で反すうしてきたという。「胸が痛い。でも話します。このことを歴史に残さなければなりません。若者に事実を教えなくてはいけません。」

＊実際には校名が記されている。また、慰安婦問題の経過を示す年表と被害認定判決に関するものが付記されている。

ＳＮＳでの拡散

翌日からＳＮＳ上でこの紙面が取り上げられ、一挙に拡散されていった。そして、そこからさまざまな反響が沸き起こった。

一〇月九日から学校の電話が鳴り始めた。「平井先生はいますか」と存在を確かめるものや、「「慰安婦」の授業をやっているのか」というものなど、職員室で電話対応に追われる事態となった。

事の重大性を悟った管理職による事情聴取が始まった。「平井先生が新聞に載ったことで、電話がかかってきている。共同通信の記事は誤解を与える記事です。この取材の時に「慰安婦」の授業をやっていたように受け取れます。記者に抗議のファックスを送りました。これは市教育委員会の考えでもあります。これからこの問題について事情を聞かせてもらうことになります」と言う管理職に、「この記事でそんなふうに受け取れるでしょうか？　そもそも、私は現在二年生で「慰安婦」授業をまだやっていません。よしんば授業をしていたとしても、教育内容に対して外部から介入してくるのは理不尽としか言いようがありません。私がまいた種ですが、平井が「慰安婦」の授業について取材を受けたからこうなった、そんな授業はやらない方がいいという認識には立たないでください。教科書にも載っています。指導要領を逸脱した内容だと思いません。これまでも「慰安婦」の授業をやってきて、そういった外部からの圧力はありました。でも、新聞記事をネタにして教育現場を恫喝したり攻撃をしてくる方が悪いんだという立場に立ってください。「慰安婦」の授業は私の考えを押しつけるものではなく客観的資料を使ってやっています。決して偏向ではないと市教育委員会にきっぱり言ってください」と伝えた。

大阪の吉村大阪市長（当時）は二〇一八年一〇月一〇日、自身のツイッターで「世界の性暴力や女性差別問題を生徒に教育するのは賛成だ。しかし、慰安婦問題を扱うこの教諭は、先の国会で河野太郎外務大臣（「河野談話」を発表した河野洋平・元内閣官房長官の長男）が「史実に反する」と答弁した事実は生徒に伝えてるんだろうか。歴史学者の反対の立場を生徒に伝えてるんだろうか。公立公務員の教員の授業だ。新文科大臣はこの現状を知ってくれ」[75]と発信した。

吉村氏が引用した国会における河野外務大臣の発言とは、第一九六回国会衆議院外務委員会で、アメリカなど諸外国に次々と立てられる慰安婦像（正式には平和像）についての見解を問われた河野外務大臣が、「諸外国における慰安婦像の設置は日本政府の立場と相入れない、極めて残念なことである……。性奴隷という言葉は事実に反するので使用すべきではないというのが日本政府の考えでございまして、この点は二〇一五年の日韓合意の際に韓国側とも確認しております。……鄭長官が性奴隷との言葉を使用したことは、我が国として受け入れられず、極めて遺憾でございます。」という答弁[76]を指すと推測されるが、ここでは性奴隷という言葉に対して事実に反すると述べているだけであって、「慰安婦」の存在を否定するものではないことは、文脈からあきらかだ。しかし、吉村氏はこの発言を「慰安婦」の存在そのものが史実に反すると述べたかのようにツイートした。

「この先生は在日の方？　嘘を教材に使わないでください」「未来ある生徒さんにいい加減なことを教えるな！」「同じ教員として、あまりにも恥ずかしい。ありもしない事実をさも真実かのように生徒に教授するなど、教師のすることではない。絶対に組合なんていらないぞ」「慰安婦などいないだろ。この教師は間違った歴史を教えているのか」「慰安婦なんてただの売春婦」「学校に抗議の電話していいよね?」「この学校の前でデモしようぜ。子どもに嘘を教えるなって」といった言葉とともに吉村市長のツイートは拡散されていった。

「慰安婦」や徴用工問題など近現代史における加害の実態に関する問題がSNS上で発信されると、「在日」「朝鮮人」「反日」「組合」などとステレオタイプな罵詈雑言が発せられる。こういったときに使われる「在日」「朝鮮人」という言葉には朝鮮人への蔑視があり、いまだに植民地主義が根強く巣くっている証左と言えよう。

二〇一八年一月に『朝日新聞』「ひと」欄に、夏には『琉球新報』に顔写真入りで筆者の記事が掲載された[77]。そのときは学校名など出なかったが、今回、学校名が出たことによる反響は大きかった。一方、「慰安婦」の授業に関する記事で、ここまで大きな批判を受けることに対して、怒りや戸惑いとともに疑問がますます大きくなっていった。

こういった攻撃が学校にやってきたときに、どんな対応を公的機関はとるのか。京都朝鮮学校の場合はヘイトクライムと公表し、法廷の場で争った。あいちトリエンナーレにおける「表現の不自由展・その後」への嫌がらせや脅迫も刑事事件となり、表現の自由を守ろうとする声が大きく広がっていった。

しかし、公立の学校への圧力や介入などの攻撃は公になりにくい。学校に通う子どもたちの「安全」の保障が最優先されるからだ。そのため、管理職はともすれば無理な要求をのんだり、事態をどんな形であれ収束させようとする。

大阪府議会での質問

二〇一八年一〇月一二日、大阪府議会でこの問題が取り上げられることになったとの連絡が入った。大阪府議会における府議会議員の質問をもとに、大阪府教育委員会が出してきた質問項目をもとにした管理職による筆者への本格的聴取が始まった。取材当日までの経緯や状況、記事を読んで感じたこと、学校に頻繁にかかってくる電話による質問や批判についてどう考えるか、ツイッターなどSNSで上がっている内容をどう思うか、などだ。管理職に無断で校内に報道関係者を入れ、それが記事になったことが問題にされているというのが筆者の認識であり、「慰安婦」問題に関する授業についての外部からの批判に答える義務はないと考えていた。しかし、聴取のなかで今までに行ってきたすべての「慰安婦」授業の説明や資料まで求められたことで、聴取のねらいは「慰安婦」の授業の可否に関わることだと理解した。聴取と並行して、すでに大阪府議会教育常任委員会での追及は始まっていた。同年一〇月一二日、教育常任委員九人のうち八人が筆者の問題を取り上げた。「学校現場への過度な介入ではなく、学校の主体性を尊重することこそ重要」と擁護する府議もいたが、他の七人は個人攻撃に近い質問を浴びせかけた。その中の一人、原田亮府議（自民党）の質問[78]と府教育庁の答弁を一部略して紹介する。

原田亮君　平成三〇年一〇月八日付の『愛媛新聞』において、大阪府公立中学校の女性教員の特集記事を見つけました。この女性教員は、若者に事実を教えなければならない。中学生に、慰安婦にされたらということを問い続けている。とりわけ慰安婦を教えることにこだわってきた。もし自分が慰安婦にされた女性や慰安所を利用した旧日本軍の兵士だったらどう考えるかを生徒に問い続けていると記事に書かれてあります。

さらに記事には、この女性教員は、一九九三年、慰安所の開設への旧日本軍の関与や本人の意思に反して集められた慰安婦が多数いたことを認めて謝罪したいわゆる河野談話と、二〇一二年一二月、慰安婦問題に関する日韓合意の際に、安倍総理がおわびと反省の気持ちとして述べられた言葉を比較させるなどして、生徒たちに考えさせるんだと書かれておりまして、多くの生徒は、日韓合意で多くの元慰安婦が置き去りにされていることに気づき、彼女たちを抜きに和解はあり得ないと感想を述べたと書かれています。また、生徒の中からは、日本人としてここまでひどいことをやっていたなんて認めたくないと声が出るとも書かれております。

この記事に書かれていることが本当ならば大問題であるというふうに思いますが、大阪府教育庁としてどのように受けとめておられるのか。また、今後どのように対応されるのか。

小中学校課長　記事にある授業の内容が事実であるならば、不適切であると考えております。

この委員会のやりとりはまったく厳密さを欠いている。「この記事に書かれていることが本当ならば大問題」と言う原田府議。原田府議はこの記事のどの記述のどこに問題点があるのかを事実に即して指摘していないにもかかわらず、小中学校課長は「記事にある授業の内容が事実であるならば、不適切であると考えております」と述べている。課長が言う「記事にある授業の内容」も記事の授業のどの部分かはまったく示していない。相手が指摘しているところを正確に把握もせずに教育委員会を代表する者が、「不適切」と述べたことになる。

一〇月一六日には大阪維新の会の府議との以下のやりとり[79]があった。

西田薫君　私のもとにも多くの連絡が入っております。なかには、これはまったくの思想教育だ、洗脳教育だ、こんなことを許していいのかと言われる方もいらっしゃいました。そしてまた、ある方は、これがもし事実だったら、この教諭は教師ではない、活動家だ、そこまで言う方もいらっしゃいました。あれが事実だったら、私もこれはゆゆしき問題だなというふうに思っておりますし、……（中略）……こういったことがほかの小中学校でも行われているかどうか、これは即刻、まったくすぐにでも市町村教育委員会に調査するべきだと私は思いますが、どうですか。

小中学校課長　各学校において歴史的事象を一面的に捉えるなどの不適切な指導がないかは、市町村教育委員会に対しまして、調査、把握、指導をしたいと思っております。

「慰安婦」を教えることが「ゆゆしき問題」であるという前提に立った質問であり、筆者の授業が歴史的事象を一面的に教えているとみなしての答弁と言える。

一二日から一六日の間の大阪府議会における府議と大阪府教育委員会小中学校課長のやりとり

は、筆者への聴取と並行して行われている。管理職が聴取した内容がまとめられてすぐに市教育委員会から大阪府教育委員会へ報告されているとは時間的にも考えにくい。つまり大阪府教育委員会は、詳細な聴取を待たずに筆者の授業を一面的と断定しているということになる。

この府議たちの追及は、教育基本法第一六条にある「教育は、不当な支配に服することなく」という「不当な支配」に該当するものではないだろうか。府議たちの行為は、自分たちが教えさせたくないと考える事項について、権力を用いて圧力をかけていることになる。本来、府教育委員会は不当な支配に屈することなく、学校における教育課程の防波堤にならなければならないはずだ。ところが、大阪維新の会や自民党といった大阪において大きな力をもつ政党の政治家の発言に対して、まともな調査すらせずに、公立中学校の一人の教師の授業を「不適当」と断罪している。府教育委員会の行為は教育基本法を自ら侵したことになり、不当な支配に屈していると言えよう。

こういった問題は筆者に関することだけではない。二〇〇三年に東京都立七生養護学校では都議や都教育委員会らからの性教育介入事件[80]が起きている。二〇〇三年、東京都議会の一部の都議たちが都教育委員会幹部や『産経新聞』記者などとともに東京都立七生養護学校を突然訪問し、性教育のために使っていた教材を強制的に没収した。その後、都議会で七生養護学校の性教育を批判し、多くの教職員が処分されることになった。二〇〇五年には、子どもの学習権と教職員・保護者の教育権、憲法・教育基本法・子どもの権利条約を守るために、教職員や保護者が提訴し、二〇一三年一一月に最高裁第一小法廷は、この事件に関し、都教育委員会・都議らの行為を違法とし、教職員・保護者の勝訴が確定した。七生養護学校裁判の判決は学校現場に対する教育への不当な支配に抵抗するうえで、大きな意味をもつものだ。この判決に照らしてみれば、今回の府議らによる質問は教育に対する不当な政治介入であることは明らかだ。

「もう二度と「慰安婦」を教えないと言ってください」

二〇一八年一〇月一五日、管理職に授業で使った資料（日韓合意に関する『産経新聞』記事、河野談話、慰安所の地図、イ・オクソン証言、慰安所規定、大阪府教育委員会が作った補助教材とその取扱いに関する文書[81]など）を渡した。「府の補助教材も参考にして教材を作っている以上、偏向と言われる筋合いはありませんし、多面的多角的に指導要領に準じて教えています」と説明した。

一七日に突然、管理職から「一九日に緊急生徒集会を開き、今回のことを話し、保護者にプリントを出す」と告げられ、「保護者向けプリントに「平井先生はもう慰安婦の授業はしない」と入れたいんです。もう二度と「慰安婦」を教えないと言ってください」と教頭から唐突に言われた。

沖縄戦「集団自決」や「慰安婦」を授業で取り上げ、様々な批判を受けてきたことは過去にもあったが、管理職から「教えるな」と言われたことはなかった。ユネスコの「教員の地位に関する勧告」[82]にある「六一　教員は、職責の遂行にあたって学問の自由を享受するものとする。教員は、生徒に適した教具及び教授法を判断する資格を有しているので、教材の選択及び使用、教科書その選択並びに教育方法の適用にあたって、承認された計画のわく内で、かつ、教育当局の援助を得て、主要な役割が与えられるものとする」という条文は管理職ならば必ず理解しているはずだ。その理念を踏みにじる発言に耳を疑った。

「先生にそんなことを決める権限はありませんよ」

「いえ、この問題を納めるためにはこの文言を入れないとダメなんです」

「これはうちの学校の問題だけじゃなく、学校教育そのものに禍根を残すことになりませんか。政治家から攻撃されたら、そうやって教育の自主性を投げ出すんですか」

「学校を守るためです」

「この一文を入れたプリントが独り歩きして、第二波がくるという可能性も考えておられますか？　学校を守るって何を守るんです？　教育課程の編成権[83]を放棄することになりますよ。私はそれだけは絶対に容認できません」

「それでも出さないとおさまりません」

この後、教職員組合も加わった交渉ののち、最終的には「慰安婦の授業はしない」という文言は入れないということで収まったかのように見えた。

一九日に配布する保護者向けプリントには、「新聞報道について」として、筆者が行った授業が掲載された新聞記事がもとでＳＮＳへの書き込みが起きたとして、写真が掲載されたことへのおわびと、記事に記載された内容はほとんど過去のもので、実際に地理の授業で「歴史的事象」は教えていないということ、通信社へ誤解を招く記事についての抗議をしたことなどが書かれていた。配布されたプリントには「慰安婦」という文言はなく、その代わりに「歴史的事象」とされていた。新聞社への抗議をしたという管理職に、「新聞社よりツイッターでデマや暴言を流して、攻撃を助長している方が悪いのではないですか。そちらへの遺憾の意も表してください」と言うと、一蹴された。ツイッターでヘイトスピーチさながらの文言を拡散する顔の見えない人々の悪意が学校現場を攪乱していた。

六時間目、体育館に集まった生徒たちに校長はゆっくりとプリントに書いてあることと同じことを話した。

集会が終わって職員室に戻ってくると、教職員のそれぞれの机上には一枚の小さな紙が配られていた。プリントには、「全校集会後の生徒からの質問について」とあり、「Q1.「歴史的事象」って何ですか。」「A1. 戦争中の出来事のことです。」「Q2. 具体的にはどういうことですか。」「A2. 校長先生が言ったこと以上は言えないです。」と書かれてあった。「慰安婦」と書かず、「歴史的事象」と表現していることに、「慰安婦」という言葉をあえて使わないことが管理職や教育委員会の認識を表していると思えた。「慰安婦」を教えることがそれほど忌避されることなのだろうか。

プリントに「慰安婦」を教えないという一文は入れなかったものの、その後も校長は執拗に「「慰安婦」の授業をしないでほしい」と言い続けた。

「うちの学校では今後いっさい「慰安婦」の授業をしないと市教育委員会に報告する」

「教育への政治介入に屈することになりますよ」

「うちの学校ではと限定している。他の学校は関係ないし、平井さんがよその学校に行ったら好きにしたらいい。言い切らないともたない。うちの学校の社会科としてはしないと言い切る」

「何がもたないんですか？　こんな文言を入れずとも管理職として平井を物理的に「慰安婦」の授業をできないようにすることなんて簡単にできるじゃないですか。学校における教育課程の編成権に大きな禍根を残します。先生が退職された後までこの学校の授業に責任持てるんですか」

筋の通った理屈や理念ではなく、「学校を守る」ばかりを繰り返す校長。

実際に校長が市教育委員会に提出した「当該校長から当該教諭への指導及び再発防止に向けての改善策及び見解」[84]という文書には、「今後も当市が採択している教科用図書の内容に基づいて教科指導を行うこと、また当該校での混乱を避けるため、授業では当市採択の教科用図書に記載のない、■（開示文書では墨塗り、「慰安婦」と推定できる）を取り上げないことを指導した。当該教諭の授業観察を定期的に継続し、来年度の体制についても、生徒や保護者への影響を踏まえ、担当する分野等、十分な配慮を検討していく。」と書いている。

ここには、問題点がある。それは、「指導及び再発防止に向けて」という文言のもとに「「慰安婦」を取り上げないことを指導した。」という部分だ。まず、本来この事案に関して指導を受けるのは「慰安婦」授業についてではない。筆者が管理職の許可を得ずに新聞記者に授業風景の撮影を許可したことが問題なのである。ところがそれを、「慰安婦」の授業をしたことに起因した問題としてすり替え、「慰安婦」授業をしないということを校長が文書で明言していることだ。学校教育法施行規則だけでなく、学習指導要領にも「1　各学校においては、教育基本法及び学校教育法その他の法令並びにこの章以下に示すところに従い、児童の人間として調和のとれた育成を目指し、地域や学校の実態及び児童の心身の発達の段階や特性を十分考慮して、適切な教育課程を編成するものとし、これらに掲げる目標を達成するよう教育を行うものとする。」とあることから、学校が教育課程を編成するとされており、校長の責任において教育課程は編成されるものである。そして、実質的には、専門性をもつ各教科の教師が学習指導要領に則り編成するのが現実なのだ。

　また、教科教育に専門性のある教師の意見を無視して、こういった文言を記述していることは、ＩＬＯ・ユネスコの「教員の地位に関する勧告」[85)]に著しく違反するものと言える。

　一〇月三〇日には市教育委員会の聴取があった。取材に至る経緯を中心に、ＳＮＳ上で大きく取り上げられたことや同僚や生徒、保護者への影響をどのように考えるのか等の質問があったが、「慰安婦」授業についての質問はなかった。

　一方、市教育委員会は二〇一八年一二月二五日に教育長名で記事を掲載した共同通信社に質問状を送っている。内容は記事掲載の経緯についての質問や記事取り下げの要望だが、その文書の中に次のくだりがある。

「あたかも、当該校において、慰安婦の授業が行われているとの誤解を招く記事となっていることは、大変遺憾であると考えております。

また、そのことにより、複数の抗議や問い合わせがあり、当該校の生徒・保護者に不安を与え、市政、府政にも多大な影響を及ぼすこととなり、いまだ続く状況となっております。[86]」

この文書の前提となっているものは、記事が現在も当該校で「慰安婦」の授業が行われたととられる内容になっていることで、学校や生徒・保護者に混乱が起きているというものである。この記事が書くところのものが、「慰安婦」を扱った授業でなければ、どうだったのだろう。このことからも、「慰安婦」を授業したこと、「慰安婦」授業をしていることが新聞に掲載されたことが混乱の元凶であるという認識を市教育委員会はもっていると言える。

管理職が「もう二度と「慰安婦」を教えないと言ってください」といった言葉は、管理職だけの考えではなく、市教育委員会の意向を直接的に、あるいは間接的に受けてのものだったということになるのではないだろうか。市教育委員会の姿勢は、「慰安婦」に関しての学問研究上認知された定説やそれを教えることがどのような教育的意義をもつのかということを判断材料として考えるものではない。彼らの判断材料としてあるのは、当該校に対する世間からの否定的な反応を鎮静化させ、生徒や保護者・教職員の動揺を収めることでしかなかった。彼らの中に、電話やファックス、メールによる抗議や府議会や市議会での議員による追及が、教育基本法一六条にある「不当な支配」にあたるという認識はなかったと言える。

府教育委員会での聴取

二〇一九年一月二五日、大阪府庁新別館一階会議室に、筆者、校長と市教育委員会の参事と主事の計四人が聴取のために呼び出された。府教育委員会からは管理・公務災害グループ課長補佐と他に三人。府教育委員会から各々に顛末書と筆者が書いた反省文と『愛媛新聞』に記載された記事が資料として配布された。

裁判における人定質問のように氏名・生年月日・学校名・担当学年・担当教科・担任の有無・校務分掌などを聞かれるところから始まった。ここで、どのくらいの電話やファックスが来たかが明らかにされた。二週間あまりで学校に電話一七件、ファックス二件、市教育委員会には電話二二件、メール一〇件とのこと。「慰安婦」の授業に関する質問や批判が多いとしながらも、擁護するものや応援するものもあったとのことだった。

二時過ぎから始まった聴取は二時四五分頃までは主に新聞記者による取材のことなどが質問された。しかし、その後から「慰安婦」問題などについて筆者の授業に関する質問が始まった。以下にやりとりの一部を記す。

「新聞記事に載っている「慰安婦」の授業が多面的であったかどうか説明をしてください」

「教育内容については大阪府教育委員会から聞かれる筋合いのものではないと思います。すべて市教育委員会に答えていますので、市教育委員会からの報告の通りです」

「平井先生がされている授業は、生徒の発達段階を考慮したものですか」

「答えられません」

「補助教材使用のルールと手続きは知っていますか」

「知ってますが、物理的に全教科の教員が副教材をいちいち校長のところに申請して許可を得るなんていうことは非現実的なことです」

「以前テスト問題にも出した沖縄戦の問題について、なぜ一年生の授業でやったのですか」

「答えられません」

「先生の新聞記事の授業で、いろいろな感想がありますが、こういった感想を書かせる授業についてお聞きしたいのですが、教育内容に関しては答えないと言われているので、答えませんよね」

「はい」


市町村立小中学校の教職員は、市町村の職員であるが、給与については都道府県が負担している。したがって、服務の監督は市町村にあって、大阪府教育委員会に権限はない。つまり大阪府教育委員会が直接筆者を聴取する権限はない。筆者はほとんど教育内容に関する質問に答えなかった。授業についての質問が終わるかと思った矢先に、筆者の著書『「慰安婦」問題を子どもにどう教えるか』[87]からの質問が始まった。子どもたちとの教育の営みを綴った自著が、筆者を聴取するための材料として読まれていることに強い憤りを感じた。延々と著書からの質問が続いた。

「先生の著書から質問します。この著書に◯◯とありますが、これは学習指導要領に則り、生徒の発達段階に考慮したものであると言えますか」

「私の著書に関する質問は、今回の事案と関係ありませんから答えません」

このやりとりが最後まで続いた。

「これは学習指導要領に則り、生徒の発達段階に考慮したものであると言えますか」という質問が何度も繰り返された。聴取は三時間近くに及んだ。教育委員会がしきりに「生徒の発達の段階に考慮して」と聞くのは、学習指導要領の社会科歴史的分野の「3　内容の取扱い」の(1)に「ア　生徒の発達の段階を考慮して、各時代の特色や時代の転換に関係する基礎的・基本的な歴史に関わる事象を重点的に選んで指導内容を構成すること」とあるからだ。この「発達段階を考慮して」という文言は、他の教科や同じ社会科でも地理や公民には見当たらない表現である。これが何を意味するのかを考えたときに、筆者によぎったのは、「慰安婦」や日本の加害事実の授業を想定して加えられている文言ではないだろうかということである。発達段階を考慮することは、歴史的分野だけでなく、他の教科でも共通して重要なことだ。しかし、それが歴史的分野にだけ限定して使われているのは、「慰安婦」や「南京大虐殺」などを取り上げることがまるで「生徒の発達段階を考慮」していないことと受け取らせるために加えた文言のように考えられる。

教育委員会の判断

二〇一九年三月二七日、市教育委員会に来るようにとの指示があった。教育委員会としての判断が示されるのだ。教育長から渡された一枚の紙の文末には「学校教育に携わる公立学校教員として、全体の奉仕者たるにふさわしくない非行であり、その職の信用を失墜するものである。」（傍点は引用者）とあった。平井が管理職に無断で記者を学校に入れ、新聞記事として掲載されたことは「全体の奉仕者たるにふさわしくない非行」にあたるという見解だ。しかし、「慰安婦」授業の可否については一切触れられてはいなかった。この処分がどのような基準でなされたものなのかという説明はまったくなかった。

その日の午後から大阪府教育庁で教育長会見があり、記者宛てに報道資料が配布された。概要とともに服務上の措置の理由が書かれていた。（教諭Aについて）として、「指導内容については、学習指導要領に則らず、生徒の発達段階に配慮したものではなかったと判断できるものはない。」「生徒に偏向した考え方を教えるようなものではなかった。」（傍点は引用者）と書いている。「慰安婦」を教えてきたことは処分にあたるものではないと府教育委員会が判断したということである。「慰安婦」を教えることがとがめられたり、ましてや「教えてはいけない」というべき問題ではないことがこれによって証明されたと言えよう。

しかし、大阪府教育委員会は学校における教育課程の内容に関して妥当かどうかという判断を下す立場にはないことは確認しておきたい。

大阪府教育委員会が長時間にわたり「慰安婦」の授業や筆者のこれまでのアジア太平洋戦争の授業実践について筆者を聴取したのは、大阪府議会におけるやりとりで、大阪府教育委員会小中学校課長が事実関係も調べないうちに「不適切である」と答え、「歴史的事象を一面的に捉えるなどの不適切な指導がないかは、市町村教育委員会に対しまして、調査、把握、指導をしたいと思っております」と答弁したことに起因する。

半年にわたる筆者への様々な批判が渦巻く状況に対して、思想信条などの違いを超えて集まり、声を上げ、支えた人々もいる。「これは平井さん個人に対する攻撃ではなく、子ども目線に立った教育実践に対する攻撃であり、歴史認識・日本軍「慰安婦」被害者に対する攻撃だ」と、支援をした有志の一人は言う。彼らは府議会に何度も傍聴に行き、府教育委員会に何度も質問書を出し、教育の中立と独立を政治から守るよう署名（最終六一一名）を集め、交渉を繰り返した。有志のなかには教育に携わる者、研究者、法律家、ジャーナリスト、保護者など様々な人々がいた。共通しているのは、教育の独立を守り、権力による教育介入を防がなければならないという思いだ。支援は大きな力になった。しかし、学校現場では、教師として自らの教育実践を積み重ねて、地道な教育活動を続けていくしか道は開けない。教育基本法の第九条にはあるべき教師の姿として、「絶えず研究と修養に励み」とある。研究と修養を積んだ教師が生徒たちの発達段階を考慮しながら、創意工夫のもとに教材開発をし、授業を作っていくことの自由が保障されなければならない。

2　教科書に記述されるということ

そもそも教科書とは何だろうか？「教科書の発行に関する臨時措置法」では「教科の主たる教材」であり「文部大臣の検定を経たもの」とされている。現在、学校では、教科書以外に資料集や都道府県教育委員会が発行した副読本など様々な教材が用いられている。

堀尾輝久は「教科書は、それぞれの教科の背後にある学問・文化の達成を、生徒の発達段階を考慮して、教材として体系化したものであり、授業を通して文化の伝達を中継ぎする重要な媒体である。」[88]と指摘する。教師は教科書に記述されている用語の説明などをするのではなく、教科書記述の背景にあるものを洞察し、教科書を使って生徒たちに基礎的な知識と、そこから確かな学力や豊かな感性を培っていく責任があると言える。教科書について生徒たちは、自らの学習を高めていくうえで大きな信頼を寄せている。だからこそ、教科書に記述されていることは科学的研究に裏打ちされたものであって、生徒に学力をつけるための系統性のあるものであり、自学するうえでも役立つものでなくてはならない。生徒たちが「テストに出る」知識として求めるのも、学問研究の上で定説となっているということが前提になっている事柄が記述されているからなのだ。

君島和彦は教科書のあり方には、多くの事実を書きこむ方法と、他方は精選された事実を詳しく書き込む方法とがあると指摘する。[89] 前者は教師が取り上げようとする事実が教科書に書いていない場合には取り上げにくいので、多くの事実が書かれていることが必要とする主張からなり、後者は事項名と簡単な説明では歴史的意味が十分に理解できないから詳しい記述によって考える素材を提供することで、生徒に考えさせる授業を行うことができるという主張に基づいている。現在の中学校歴史教科書で言えば、ほとんどが前者のタイプとなっており、後者のタイプが学び舎の教科書と言えよう。

教科書記述は学習指導要領による制約がある。何が書かれ、何が書かれないかはどのように判断されるのか。それを判断するのは決して文部科学省ではないことは家永教科書裁判からも明らかである。教科書に中立公正さや一定の水準は文部科学省による検定によって担保できるものではない。その客観性を担保するものとして藤木久志は四点を挙げている。[90] 一つめは、歴史教科書の叙述といえども、学問的な歴史叙述と同じく、科学的な歴史分析に基づいた叙述でなければならないという制約を受け、この制約は侵されてはならないものであり、二つめは歴史叙述は歴史学そのものであり、歴史学の外側にあるものではないのであり、三つめは歴史学は選択的体系であり無意味な事実の羅列ではなく、歴史家の行う歴史事実の選択は選択された史実についての因果関係や相互関係の意味づけ、解釈や評価を通してもたらされる、まとまりのある歴史像・体系的な歴史叙述のいっさいの基礎をなすものであり、四つめに歴史学の客観性を追求するには自由な論争が不可欠、と述べている。

また、遠山茂樹は歴史教育の内容について、「第一に事実による検証、すなわち論証を経たものです。第二に、学界で発表され、他の研究者の批判をうけ、それに耐えうるものです。いわば学界で市民権をみとめられた学説でなければなりません。……第三には、それぞれの歴史観・学説は、学界の研究成果の多年にわたる蓄積を基礎とするものです。……蓄積の内容は一定の意味での客観的なものとして存在します。学説が対立して論争が行われることを通して、その学説対立の基礎に、学界の共有財産として、新しい史実の発掘、諸史実間の関連の認識の高まり、論証方法の錬磨、総合の精密化が蓄積されてきました。学問への信頼とは、この共有財産の存在への確認にもとづくものでしょう。」[91]と記している。

遠山は歴史教育について以下のようにも述べている。

「どのような歴史観をもつかは卒業して社会人となった時の彼らの自主にゆだねられなければならない。学校教育では、将来その選択ができるための基礎としての知識と考える力をつちかうのである。講義や書物に対して受身にしたがうのではなく、批判的にきき読み、自主的にみずからの思想を形成できる、そうした人間の育成をめざしている。」[92]

では、教科書で教えるとはどういうことなのか。例えば、日韓基本条約のところで、「日韓会談は、アメリカのあっせんで一九五二年に始まり、一時中断をはさみながら七次にわたって行われ、条約の締結までに一三年を要しました。」と日本文教出版の二〇一六年度版には記されている。もしも、日韓基本条約締結は一九六五年、と覚えさせるだけならば、こういった記述は必要ないことになる。しかし、この記述があるからこそ生徒の思考が深まるのだ。条約締結に至る一三年という期間を要したのはなぜか、何が原因で中断したのか、アメリカが斡旋したのはなぜかといったことを思考していくためにこそ、この記述はあると言える。戦後において日本と韓国の各々の主張、それに対する両国の国民感情、一三年かけて結んだ条約の到達点や課題は何かを学ぶことによって、生徒自身がその時代像をつかみとっていくことになるのだ。

教科書の記述は時代を追って変化していく。歴史研究の成果を反映して変わっていく面と政治的な動きや教師の要望や実践によって変わっていく面がある。戦争孤児などについては、中国残留孤児問題をはじめとした真相解明の実態や戦争孤児研究の進展などによって、教科書に取り上げられるようになっていったと言える。

一方、既述のとおり、「慰安婦」記述などは政治的な動きが左右している面が大きい。「慰安婦」のように、政治問題化の中で検定への忖度などの結果、記述されなくなったものについては、それを授業で取り上げることができないという理由は学問的には見当たらない。教科の教育課程を組み立て、実際に授業を行うのは教師である。教師が教科書にある内容をどのように吟味して授業を作っていくかはその教師に任されている。目の前にいる子どもたちの状況や社会状況をもとに、各単元における目標を立て、子どもたちの認識を深めるための教材開発は教師に委ねられている。ゆえに教科書の記述がないという一点をもって、そのことを授業で教えてはいけないという論理は成り立たないのである。

　しかし、教科書に記述されているかどうかによって、学校現場における授業への影響は大きい。特に、「慰安婦」問題のように、国家間の懸案事項となり、それが原因で様々な軋轢が生じている問題に関しては、教科書に記述されていないのだから授業では扱うべきではないと考える教師も少なくない。授業者として教科書に記述されている歴史事象をすべて扱うかと言えば、ほとんどの教師は無理だと答えるはずだ。現在の教科書はあまりにも記述されている事項や人物が多すぎると言える。つまり、記述されている事項にしても記述されていない事項にしても、その時代の歴史像を描くうえで、教師による取捨選択が可能であり、またそれが必要と言えるのではないだろうか。その取捨選択こそ、教師の教育課程の編成権であると言える。

　二〇一七年に出された学習指導要領[93]にも、社会の創り手となる生徒を育成するために「必要な教育の在り方を具体化するのが、各学校において教育の内容等を組織的かつ計画的に組み立てた教育課程である。」と教育課程の編成権は各学校にあると言及している。「学習指導要領」は「教育課程の基準を大綱的に定めるもの」にすぎない。それゆえ、学習指導要領をもとに学校における教育水準の全国的な確保をはかるとともに、各学校の特色を生かし、創意工夫を凝らした教育実践や学術研究の蓄積を生かした教育活動の重要性こそが尊重されなければならない。学習指導要領に準拠して作られた教科書も、主たる教材であるとともに大綱的なものであると言えよう。そこに書かれていない記述を授業で教えることに何ら問題がないことがここに明らかである。しかし、何でも教えていいのではないことも当然のことである。では、授業で扱う歴史事実の内容は何によって担保されるのだろうか。それは、遠山の言う「共有財産の存在への確認にもとづく」「学界での自由な論議を踏まえ、市民権を得た歴史学の成果に依っているかどうか」[94]がその担保となるのである。

第四章　教科書は朝鮮における植民地支配をどう描いてきたか

二〇一八年、韓国の大法院で出された徴用工をめぐる判決を機に、日本のマスメディアの韓国に対する報道は冷静さを欠き、韓国側の姿勢だけを一方的に批判する報道が目立った。排外主義的で憎悪感情をあおるかのようなマスメディアの状況に、一九二三年に起きた関東大震災における朝鮮人暴動のデマを信じた自警団が朝鮮人の大量虐殺を行った記憶が蘇った。日本社会に広がる嫌韓意識はどこからくるのだろうか。近代における朝鮮人や朝鮮という地域がたどってきた歴史には日本による植民地化が大きく関わっている。そのことを知らないまま、習わないまま、習った記憶がないままの人は少なくないだろう。

日本人の朝鮮半島の人々に対する無知や無理解、偏見がどこから来るかを探るには、日本で教育を受けた子どもたちが手にしてきた教科書における植民地支配についての記述を調査することが重要な手がかりになるのではないかと考えた。先行研究として君島和彦氏[95]らのものがあるが、調査時点での高等学校教科書を主に対象にしており、戦後における記述を編年的に分析したものではない。そこで、この章では中学校歴史教科書における韓国併合時から戦後に至る記述を経年的な変化をたどって分析してみたい。なお、これまで刊行された教科書すべての調査は筆者の手に余るため、一九五〇年代以降については、大阪で最もシェアの大きかった大阪書籍（現在は日本文教出版に版権が譲渡されている）をもとに分析する。

1　敗戦直後の二つの国定教科書――『くにのあゆみ』と『日本歴史』

一九四五年一二月三一日、ＧＨＱによって修身・国史・地理の三教科の停止が指示されて以降に作成された国民学校用の国定教科書『くにのあゆみ』が一九四六年九月に、中等学校用国定教科書『日本の歴史』が同年一〇月、師範学校用『日本歴史』が同年一二月に発行された。

『くにのあゆみ』では、「韓国併合」に関して、「また韓国（朝鮮）とは日韓協約を結び、そののち、さらに相談した結果、明治四十三年（西暦一九一〇年）、わが国が韓国を併合しました。」と、韓国の皇帝や民衆の合意のもとに併合が行われたかのような記述になっている。『くにのあゆみ』を批判して『たみのあゆみ　わたしたちの生活はどのようにかわってきたか』（国民図書刊行会、一九四七年一〇月）を著した和歌森太郎は「戦前の教科書のような、朝鮮民衆や皇帝が望んで「併合」したという記述こそみられないが、本質的には戦前の教科書と何ら変化していないように思われる。」[96]と批判している。ここには朝鮮民衆の抵抗の姿や、日本の責任を問う視点は欠落している。

一方、『日本歴史』はかなり難解な記述であるが、朝鮮の改革から始まり、北清事変、日英同盟の締結、日露戦役、戦後の外交とたどりながら、韓国併合と詳細に記されている。ここでは、「大韓帝国はもはや独立を維持すべき力さえ失った。」「本協約は実質において韓国独立の意義を失わせるものであったから、朝鮮朝野の憤激を惹起し、民心はすこぶる動揺した。」「伊藤が初代統監に任ぜられた。これにより韓国はわが宗主権を認めることになった。」「伊藤統監は駐屯軍を背景に半軍政を敷き、このため庶政は一新した。」「政府の実権は統監に移り、もはや併合は時期の問題となるにいたった。」「一部韓国人有志の日韓合邦建白書は併合の機を窺ったわが政府の同意するところとなり、慎重考慮の末、ついには四十三年（西暦一九一〇年）、寺内正毅新統監として着任するのを機に条約案を提示し、この月二十二日寺内統監と李首相との間に併合条約は調印された。ここにおいてわが国は国号を廃してその地を朝鮮と改め……」と記述されている。韓国の国家としての弱体化理由から記述を始めている点は戦前の国史の教科書記述に類似していると言えるものの、民心の動揺やハーグ密使事件を記述するなど、植民地化の動きが詳細にとらえられるような記述になっている。一方、民衆の義兵運動などは描かれず、民衆がどのような支配を受けたのかという観点も欠落し、「庶政は一新した。」といった植民地化による発展をうかがわせる記述に終始している。日韓合邦建白書は、一進会という対日協力団体が発表したものであって、韓国併合を朝鮮人が願ったことのように見せかけようとするものでしかない。戦後においても併合を正当化しようとしている姿勢がこの記述から読み取れるとともに、日本による併合を韓国皇帝が望んだと書かないまでも、韓国側から求めていたと認識させる意味では、『くにのあゆみ』の姿勢と共通していると言えよう。

そして、この教科書のどちらにも「韓国併合」以後の記述はない。この点に関しては、一九六九年から使用の中学校教科書でようやく記述されることになる。

2　幻の教科書『日本の歴史』

教科書として刊行されることはなかったが、第一章で先述した民科と歴史学研究会の研究者などが中心になって作った幻の教科書『日本の歴史』（潮流社）はどのような記述をしているのか、紹介しておこう。

「朝鮮の併合」と題して

「日本は日露戦争のおわるまで、あらゆる機会に、朝鮮の独立を守るといいつづけた。しかしポーツマス講和ののち、すぐに日本は朝鮮を保護国とし統監をおいて朝鮮の外交を監督し、その自主権をうばった。国王は不満に耐えかね、一九〇七年（明治四〇年）、オランダで開かれた万国平和会議に密使を使わして、日本の圧迫をうったえた。このため国王は、日本により譲位をさせられ、日本はさらに朝鮮国の内政をも監督することにした。その時から朝鮮民族の独立のためのたたかいが高まった。初代の統監であった伊藤博文は、統監をやめたのち、満州を旅行していたとき、ひとりの朝鮮人民によって殺された。それをきっかけにして、日本はついに一九一〇年（明治四三年）、朝鮮を日本に合併した。朝鮮もついに台湾とおなじような完全な日本の植民地とされてしまった。」

「総督政治」と題して

「朝鮮や台湾には総督府がおかれ、日本人の総督が日本人の官吏をつかってこれを統治した。総督には軍人が任命された。そこに住む人民は、政治上の何の権利もあたえられなかった。自分の民族の言語・文字を使用することも、公式にはゆるされなかった。これらの植民地化には、総督府の強力な保護のもとに、日本の大資本家が進出して産業を支配した。そのため、朝鮮のように新しい産業がめばえようとしていたところでも、日本の支配していたあいだには、朝鮮民族資本の大産業はついにおこることができなかった。農地は日本資本の土地会社や、日本から移住した人の手に集められ、多くの朝鮮の人々は、郷里をはなれて東アジアの各地をさまよった。日本内地にも多くの朝鮮人が来た。かれらはたいてい土木工事にはたらいたが、その賃金は日本人労働者よりもさらに安かった。日本の警察は朝鮮人を事ごとに迫害した。台湾では、日本の大資本家たちが、広い土地をひとりじめにして、砂糖きびをうえ、精糖事業をおこした。原住民たちはしばしば日本軍から攻められた。」

この記述には、朝鮮併合までの政治的な動きだけでなく、総督府のもとで朝鮮人民が味わった支配の実態が詳細に描かれ、現在の歴史教科書と比較しても学問的に高い水準のものと言える。しかし、やはり併合以後の民衆の動きなどは書かれていないことは国定の『くにのあゆみ』『日本歴史』と同じと言えよう。国家を失った民族の歴史は描かれないということなのだろうか。

3　一九五〇年代の記述

ここからは、大阪府内で最も採択部数の多かった大阪書籍（現・日本文教出版）の記述の変遷をたどっていきたい。特別な断りがない限り、大阪書籍からの引用である。教科書の年号は発行の年号を記す。なお、教科書の奥付には元号で年号が記述されているが、ここでは西暦と元号を合わせて記す。

『中学社会　古代から近代へ』（大阪書籍、一九五五〈昭和三〇〉年）

「日露戦争とその余波」

「この勝利で日本の国際的地位は躍進し、東洋の盟主といったうぬぼれも生じた。東洋の国々に対し、これまでかなり慎重であった政策も、戦後はしだいに積極的なものになっていった。ポーツマス条約の取りきめを最大限に利用して、まず朝鮮を保護国にし、一九一〇（明治四三）年には、日韓合邦の名のもとに、これをわが国に併合してしまった。」

前述の『日本歴史』や潮流社の『日本の歴史』と比べて、分量が少ないだけでなく、どのような経過で日本が朝鮮を植民地にしたのかという経緯自体があいまいである。また、「日韓合邦」という用語を使用している点に関しては、前述した一進会が出した韓日合邦建議書からの言葉と推測されるが、この言葉を使用することで韓国側から併合を推進したととらえさせる記述になっている。国定教科書『日本歴史』から受け継がれている姿勢と言える。なお、ここにも、植民地化の民衆の暮らしや、併合以後の朝鮮民衆の抑圧された暮らしや抵抗を示す歴史記述はない。一九五二年、日韓会談が開始されたころであるが、このころの植民地支配責任についての意識の乏しさが示されていると言える。

こういった記述は他社も同様であるが、一九五七年の教科書ではますます分量が少なくなる。一九五五年の「うれうべき教科書の問題」が日本民主党から発表され、一九五六年の教科書検定では厳しい検定が行われ、社会科教科書八種類が不合格となっている。この時の検定制度の変更は、教科書調査官の設置、教科用図書検定審議会への実権の付与、教科用図書検定基準の整備、学習指導要領への法的拘束力の付与などであり、それまで戦後教育改革との狭間にいた教科書検定制度を文部省の側に大きく引きつけた。[97]

4　朝鮮史研究が反映された記述

アメリカの斡旋で始まった条約締結交渉は難航をきわめた。一九五三年一〇月の会談で日本側は、植民地支配を正当化し、「日本が進出しなければ、ロシアか中国が占領し現在の北朝鮮のように、より悲惨であったろう」などと述べたことに対し、韓国側が発言撤回を要求、「発言が誤りであったと考えていない」などと述べて決裂。[98]条約締結寸前の一九六五年一月にも日本側首席代表は「日本はよいことをした」と述べ、問題となった。[99] この会談でみられる植民地支配によって開発が進み韓国は発展していったというような発言をこの後も政治家が繰り返していった。一方、日韓両国で、日韓基本条約への反対運動が起こり、日本国内でもようやく植民地支配に関心がもたれるようになっていくなかで、一九六六年には山辺健太郎が『日韓併合小史』を岩波新書から発行し、日朝関係史研究が本格化していった。これらの動きを背景に、教科書もその記述を充実させていくことになる。

『中学社会　歴史的分野』（大阪書籍、一九六九〈昭和四四〉年）

「韓国併合と満州経営」

「日露戦争後、日本は朝鮮（韓国）を保護国として、その外交・内政の実権をにぎった。これにたいして朝鮮各地に反日運動がたかまり、初代統監伊藤博文は、ハルビンで過激派のために暗殺された。そこで一九一〇（明治四三）年には、韓国併合を行い、朝鮮を日本の領土に加え植民地として支配した。……アジアの小国とみられていた日本が、強大国ロシアに勝ったことは、世界の多くの人々に意外の感じをあたえた。戦勝の原因の一つは、明治維新以来めざましい改革にもとづく国力の充実であった。そこで、これまで列強の侵略に苦しめられていた清国をはじめ、アジアの各地では、日本の勝利にしげきされて、民族の独立や近代化の運動にたちあがるものが多くなった。」

「中国の五・四運動」[100]

「当時日本の領土であった朝鮮でも、中国に刺激されて、一九一九年、はげしい独立運動（万歳事件）がおこったが鎮圧され、その後は一部の人びとによって、ひそかにその運動がつづけられた。」

まず特筆すべきは、「韓国併合と満州経営」と見出しに初めて「韓国併合」という言葉が入ったことだ。そして、「植民地」という用語も初めて登場した。義兵運動という名こそないものの反日運動が入ったことで、そのあとの万歳事件へとつながる記述になっている。植民地支配下での朝鮮民衆の暮らしには触れていないが、ようやく植民地支配のもとでの民衆の抵抗が少ないながらも描かれるようになった。しかし、伊藤博文の暗殺を書き、「そこで」のあとに韓国併合へと続く記述は、暗殺事件が併合をもたらしたという認識に中学生を導く恐れがある。これでは反日運動が併合を誘引したことになり、安重根がその原因を作ったというとらえ方になる。伊藤の暗殺の三か月目の一九〇九年七月六日、桂太郎内閣は適当な時期に韓国を併合する方針を閣議決定していた[101]が、当時の教科書には反映されていなかった。

5　家永裁判杉本判決の影響

『中学社会　歴史的分野』（大阪書籍、一九七五〈昭和五〇〉年）では、韓国併合の記述に大きな変化はないが、「社会運動の高まり」の章で、脚注ではあるが関東大震災の項目で、「その際、騒乱をくわだてているという理由で多数の朝鮮人のほか社会主義者・労働運動の指導者が殺された。」と関東大震災における朝鮮人虐殺を初めて記述した。一九七〇年の家永第二次訴訟における杉本判決が、教科書記述の内容充実への大きな理論的根拠となっていったと言える。記述も増え、内容的にも充実したものになっていった。

『中学社会　歴史的分野』（大阪書籍、一九八一〈昭和五六〉年）

「韓国併合」

「日露戦争後、日本は朝鮮（韓国）の外交権をおさめて保護国とし、韓国統監府をおいて朝鮮を支配しました。ついで、日本は朝鮮の内政権をもにぎり、その軍隊を解散させました。解散させられた兵士は、農民とともに武器をもって立ち上がり、義兵とよばれて、各地で日本の支配に抵抗しました。やがて、初代の韓国統監伊藤博文が、朝鮮の青年に暗殺された事件をきっかけに、日本は一九一〇（明治四三）年、朝鮮を併合して領土に加えました。これを韓国併合といいます。朝鮮では、日本の軍隊および警察がすみずみまで配置され、朝鮮人の抵抗をおさえました。学校では、日本人教師によって、日本語や日本の歴史が教えられ、朝鮮人を日本に同化しようとする教育がおこなわれました。」

「アジアの独立運動と民主主義の進展」

「韓国併合の後、朝鮮では、日本が土地調査を進めて、村の共有地など、全耕地の半分以上を収用しました。土地を失った朝鮮人のなかには、仕事を求めて日本や満州にわたり、低い賃金で働かされる者もありました。一九一九年三月一日、朝鮮の京城（今のソウル）で、日本からの独立を求める独立宣言が読みあげられると、数千人の民衆が、独立万歳とさけんでデモ行進をおこしました。これは、やがて朝鮮全土にひろがり、三か月にわたって、数十万人が参加する運動になりました。三・一独立運動とよばれて、その後の朝鮮独立運動の出発点となりました。」

「関東大震災」

「この混乱のなかで、暴動をおこそうとする者があるといううわさがとび、多数の朝鮮人のほか、社会主義者・労働組合の指導者が、警察・軍隊・自警団などによって、とらえられたり殺されたりしました。」

「戦争と民衆」

「多数の朝鮮人が強制的に日本内地につれてこられ、ひどい条件のもとで鉱山や土木工事などに働かされました。」

一九八一年の教科書で初めて「韓国併合」が単独の見出しとして設けられ、反日運動を義兵運動とし、具体的にどのような人々が立ち上がったのかを記述するとともに、それまでは「過激派」とされていた安重根が名前こそ出ていないが「朝鮮の青年」と表現が変わった。また、植民地支配の実態が描かれ、具体的に朝鮮の民衆がどのような状況に追いやられたのかがわかる記述がようやく登場した。しかし、韓国併合について暗殺事件を「きっかけに」という表現はまだ続いており、事件以前から併合の動きが勧められていたという事実と反するものとなっている。

一方、「三・一独立運動」という用語を初めて登場させるとともに、人数で規模を表すなど、より具体的記述になり、「その後の独立運動の出発点」ととらえるなど、独立を願う韓国民衆の運動を歴史学の研究成果をもとに評価した内容と言える。関東大震災も脚注ではなく、一つの項目となって、どんな人々が虐殺をしたのかという主語も入れた詳細な記述となった。また、初めてアジア太平洋戦争下における朝鮮人の強制連行被害を書くに至った。

6　一九八二年検定基準見直し以降の記述

一九八二年検定基準が見直され、「わが国と近隣アジア諸国との間の近現代の歴史的事象の扱いに国際理解と国際協調の見地から必要な配慮がなされていること」といういわゆる「近隣諸国条項」[102]が加わったことにより、教科書における加害の記述が大きく変化することになった。『中学社会　歴史的分野』（大阪書籍、一九八四〈昭和五九〉年）では、「アジアの独立運動と民主主義の進展」で、三・一独立運動の参加者数で「数十万とも二〇〇万ともいわれる多数の人々」と数字を明確に表記し、南京大虐殺はすべての中学校教科書に記述されるようになった。こうしてアジアへの戦争の加害認識が多くの国民の意識に上るようになっていった。

この記述内容の充実の動きはその後も続き、特に一九八七年の教科書の内容は著しく進展した。

『中学社会　歴史的分野』（大阪書籍、一九八七〈昭和六二〉年）

「三・一独立運動」

「企業活動を規制して朝鮮の産業の抑圧をはかりました。そのため、土地や職業を失った朝鮮の人々の多くは、仕事を求めて日本や満州にわたり、低い賃金で働かなければなりませんでした。一九一九年三月一日、京城（今のソウル）で、独立宣言文を発表しました。そして、旧国王の葬儀に集まった人々をふくめ数千人の民衆が、「独立万歳」をさけんでデモ行進をおこしました。この動きはやがて、朝鮮全土にひろがり、二〇〇万人ともいわれる人々が参加する運動に発展しました。これに対して日本政府は、憲兵・警察だけでなく、軍隊まで動員して鎮圧をはかり、朝鮮の民衆に八〇〇〇人ほどの死者を出しました。この朝鮮の民衆の運動は、三・一独立運動とよばれ、その後の朝鮮独立運動の出発点となりました。」

「関東大震災」

「この混乱のなかで、朝鮮の人々の一部がいたるところで暴動をおこそうとしているとか、放火をしたり、井戸に毒を投げこんだりしているといううわさが、警察などによってひろめられました。そのため、住民たちが自警団を組織し、多数の無抵抗の朝鮮の人々を虐殺するという事件をおこしました。この事件は、朝鮮民族の抵抗に対する日本人のおそれと差別意識が生み出したといわれています、また、このとき、社会主義者や労働組合の指導者のなかには、警察や軍隊にとらえられたり殺された者がありました。」

コラム「歴史を掘り下げる　関東大震災と朝鮮の人々」

「九月三日午前六時〇〇分、東京付近の震災を利用し、朝鮮人は各地に放火し不逞の目的を遂行せんとし、現に東京市内においても爆弾を所持し石油を注ぎて放火するものあり、すでに東京府下には一部戒厳令を施行したるがゆえに、各地においても十分周密なる視察を加え……厳密なる取締を加えられたし」（内務省警保局長の全国地方長官宛電文）

（「この史料は、当時の間違ったうわさにもとづいて、政府が全国にとりしまりを命じたことを示しています」と説明。武装する自警団の写真を掲載）

「戦時体制」

「朝鮮では、神社への参拝が強制され、一九四〇年には朝鮮の姓名を日本名に改めさせる「創氏改名」が行われ、同化政策がおしすすめられました。」

「戦争と民衆」

「約七〇万人の朝鮮人が強制的に日本内地に連行され、きびしい条件のもとで鉱山や土木工事などで働かされました。」

韓国併合に関する記述にほとんど変更はないが、「三・一独立運動」の見出しが初めて設けられ、土地や職業を失った朝鮮人の暮らしや三・一独立運動の人数や日本による弾圧なども詳細に記述された。また、「関東大震災」では警察によってデマが広められたことや虐殺を引き起こした当時の日本民衆の意識にも踏み込み、本文だけでなく、コラムを設定し、実相に迫ろうとしている。アジア太平洋戦争のところでも、「創氏改名」や「強制的に連行」という語句を初めて記述しているのは、近隣諸国条項だけではなく、一九八四年に提訴された家永第三次訴訟の影響とも考えられる。

その後の、『中学社会　歴史的分野』（大阪書籍、一九九〇〈平成二〉年）でも、「韓国併合」で、「政府は、朝鮮や台湾の植民地の人人には選挙権を認めませんでした。このころから、日本人の朝鮮民族への差別意識がいっそう強まり、併合に対する朝鮮の人人の抵抗もますます高まりました。」という文が付け加えられ、植民地支配下の朝鮮人や台湾人は日本人への同化政策が行われたにもかかわらず、日本人がもっている権利が朝鮮の人々には保障されていなかったことが明確に記述され、植民地支配の実態がより鮮明に浮かび上がった。

『中学社会　歴史的分野』（大阪書籍、一九九三〈平成五〉年）の「韓国併合」記述では、これまで「朝鮮の青年」と固有名詞がなかった記述から「朝鮮の青年安重根」と名前を記すようになり、「関東大震災」のコラムでは、「在日本朝鮮労働総同盟の第二回大会宣言」を記述している。「戦争と民衆」では、「朝鮮から約七〇万人を強制的に日本内地に連行して鉱山などで働かせ、若い女性も「挺身隊」として強制動員しました。さらに、台湾・朝鮮にも徴兵令をしきました。」と戦場に女性が挺身隊として連れていかれたことを記述し、「町を歩いている者や、田んぼで仕事をしている者など手あたりしだい、役にたちそうな人はかたっぱしから、そのままトラックに乗せては船まで送り、日本に連れてきた。徴用というが、人さらいですよ。」（『朝鮮人強制連行の記録』未来社）という証言資料を載せている。

一九九一年に金学順が自ら「慰安婦」と名乗り、アジア太平洋戦争韓国人犠牲者補償請求の裁判を東京地裁に起こし、一九九二年には「慰安婦」被害者と女子勤労挺身隊の人々が日本政府を相手どって謝罪等請求訴訟を山口地裁に起こすなど、続々と日本政府への謝罪と賠償を求める裁判[103]が起きていったことを反映させた記述と言えよう。

7　一九九七年「慰安婦」記述の登場

一九九三年八月四日、河野洋平内閣官房長官が談話[104]を発表し、「慰安婦」問題の第二次調査結果を示して、強制性を認めて謝罪した。この中に「われわれは、歴史研究、歴史教育を通じて、このような問題を永く記憶にとどめ、同じ過ちを決して繰り返さないという固い決意を改めて表明する」とあることを論拠として、一九九四年から使用される高校日本史教科書に続き、一九九七年から使用される中学校歴史教科書すべてに「慰安婦」の記述が登場した。この年の教科書記述がどのようなものだったかを『中学社会　歴史的分野』（大阪書籍、一九九七（平成九）年）から紹介する。

韓国併合をはじめ、ほとんどのところで大きな変化はないが、「関東大震災」では、「この混乱のなかで、朝鮮人が暴動を起こそうとしているとか、放火しているとか、井戸へ毒を投げこんでいるといったデマが、警察などによって広められました。そして、住民が組織した自警団や、警察・軍隊が、無抵抗の朝鮮人などを多数虐殺しました。」と書き、自警団の絵の注釈として「武装した自警団などによって虐殺された朝鮮の人々は、関東一円で数千人にも達したといわれています。」と具体的な人数を書いている。

「戦争と民衆」の章では、「朝鮮からは約七〇万人、中国からも約四万人を強制的に日本へ連行して鉱山などで働かせました。また、朝鮮などの若い女性たちを「慰安婦」として戦場に連行しています。さらに、台湾・朝鮮にも徴兵令をしきました。」と強制連行の人数と「慰安婦」を記述している。コラム「歴史を掘り下げる　今に残る戦争の傷あと」では、戦後補償問題を取り上げ、「太平洋戦争終結から五〇年が過ぎてもなお、日本はアジアを中心に世界各地から、戦争責任を問われています。従軍慰安婦や強制連行、日本軍に動員された台湾の人々、国籍による戦後補償の差別などが大きな問題となっています。」と記述し、戦時中に日本軍に動員された台湾の青年の写真や、日本政府に戦後補償を求めデモ行進する元従軍慰安婦の写真を載せている。そして、カラーで「近現代日中関係年表」「近現代日朝関係年表」を作成し、日中年表では、「一九八二年中国が、日本の歴史教科書の内容を日本政府に抗議する」、日韓年表では、「一九三九年朝鮮の人々の強制連行が始まる」という記述とともに、強制連行されてサハリンに残留する朝鮮人や、日本からの解放を喜ぶ朝鮮の独立運動家、日韓基本条約に反対する韓国の学生らの写真を掲載している。日中韓の歴史研究の成果を大きく盛り込んだ、これまでで最も水準の高い教科書が登場したと言える。

8　加害記述への批判と記述の変化

教科書における加害の記述や戦争の実相を詳細に書く記述に対して、一九九〇年代半ばから自民党や様々なメディアや組織から、「暗黒史観・自虐史観」[105]という名のもとに大きな攻撃が起きた。ここでは、その影響による記述の変化を紹介する。

『中学社会　歴史的分野』（大阪書籍、二〇〇二〈平成一四〉年）

見出しが、一九九七年度版では「韓国併合と朝鮮民衆の抵抗」となっていたのが、「韓国併合と朝鮮の人々」となり、民衆の抵抗が消えている。本文では、ほとんど変わりがないものの、一九九七年度版では、「天皇に直属する朝鮮総督府」から「天皇に直属する」が消え、「抵抗運動を弾圧しました。」が「おさえました。」、「日本の支配に対する朝鮮の人々の抵抗もますますはげしくなりました。」が「さらに続けられました。」に変わるなど「自虐史観」と批判されることを避けるために変更せざるを得なくなった状況がうかがえる。

「関東大震災」の章では、一九九七年度版で使われていた「虐殺」という言葉が消え、「数千人の朝鮮人のほか、社会主義者や労働組合の指導者が、住民が組織した自警団や、軍隊・警察などによって捕らえられたり殺されたりしました。」となっている。

「戦争と民衆」の章においても、「朝鮮からは約七〇万人、中国からも約四万人を強制的に日本へ連行して鉱山や工場などで働かせました。」と記述するのみで、一九九七年にこの文章の後に記述されていた「慰安婦」記述は消された。また、近代日中・日朝年表は載せているが、戦後補償を考えるコラムもなくなった。

この後、大阪書籍から版を引き継いだ日本文教出版の教科書『中学社会　歴史的分野』（二〇〇六〈平成一八〉年）では、「韓国併合」という章で、安重根に関して、それまでの「朝鮮の青年安重根」から「民族運動家の安重根」と変わる一方、これまで単独であった「三・一独立運動」の項目がなくなり、「朝鮮と中国の独立運動」となるとともに、「朝鮮の民衆に八〇〇〇人ほどの死者を出しました。」とあった具体的数字が消され、「政策の転換をせまられた日本政府は、憲兵警察制度の廃止や、朝鮮語の新聞の発行も許可することとなりました。」という記述が新たに付け加えられた。

「関東大震災」の章では、虐殺の背景として書かれていた「政府や日本人の朝鮮人に対する差別意識や抵抗へのおそれが生み出したものといわれています。」が削除されている。これも加害の問題に関して日本人のなかに差別意識があったと書くことによる軋轢を避ける狙いがあったものと考えられる。

「国民生活への影響」の章では、「朝鮮や中国の占領地から数十万人といわれる人々を強制的に動員して、鉱山や防空壕づくりなどで働かせました。」と前回までの約七〇万人や約四万人といった人数を具体的に示さない記述になっている。

『中学社会　歴史的分野』（日本文教出版、二〇一二〈平成二四〉年）でも、全体の記述はほとんど変わっていないが、「朝鮮と中国の独立運動」では、三・一独立運動について「その後の朝鮮独立運動の出発点となりました。」という記述が削除されている。この記述は三・一独立運動の評価という点で重要な記述であり、この運動が歴史上果たした役割についての重要な表現がなくなったと言える。

関東大震災は本文ではなくコラムになり、前回削除されていた、「事件の背景には、突然の被災による精神的混乱、朝鮮人に対する差別意識などがあったものと考えられます。」という文章は復活したが、「虐殺」という用語は消えたままになった。

「強まる戦時体制」の章では、「一九三八年には、朝鮮人志願兵の制度が導入されました。」と付け加え、植民地の人々のなかにも自ら志願して兵士になるものがいたと記述。「国民生活への影響」の章では、「朝鮮や中国の占領地から数十万人といわれる人々を動員して、炭鉱や工場などのきびしい労働条件の職場で働かせました。」と、「強制的」という表現がなくなった。

現在の中学生たちが使っている『中学社会　歴史的分野』（日本文教出版、二〇一六（平成二八年））では、「韓国併合」の記述は、「学校では、日本語が国語として教えられ、朝鮮語の授業時間が減らされ、さらには日本の歴史が強制的に教えられました。このように、朝鮮民族の歴史や文化を否定し、日本に同化させる政策を進めました。また総督府が実施した土地調査事業で土地の所有権が確定する一方、所有権が明確でないとして、土地を失う農民も現れました。」と、それまで「アジアの独立運動」にあった記述をここで詳述し、脚注で「なかには、小作人となる人や、日本や満州に移住せざるをえない人もいました。」と付け加えられている。一方、「アジアの独立運動」を「アジアの民族運動」とタイトルを変更し、警察や軍隊を動員しての鎮圧や憲兵警察制度の廃止や、朝鮮語の新聞の発行の許可などの記述は消え、「独立運動は多くの犠牲者を出しながらも、朝鮮全土に広がりました。これを三・一独立運動といいます。」とするなど、三・一独立運動の状況に関して具体的な動きがとらえにくくなっている。

関東大震災では人数の記述がなくなり、「苦しくなった国民生活」では、脚注で「朝鮮からの動員は、国の計画に基づいて行われ、一九四四年からは、動員をこばんだものには処罰が科されるようになりました。」と記述された。

二〇〇二年度以降の教科書記述の変化は何に起因しているのだろうか。一九九七年の教科書に対する批判を受けて、教科書会社に対する様々な圧力がかかり、採択においても「自虐的」と名指しされた日本書籍が部数を減らし最終的には倒産に追い込まれた影響は大きい。このような状況の中で、忖度ともいえる形で教科書編集が委縮させられていったことは明らかだ。その結果が、「慰安婦」記述の削除、「虐殺」「強制的に」などの表現や具体的な人数などを記述しないという状況になっていったと考えられる。

二〇一三年一一月一五日、文部科学省は「教科書改革実行プラン」[106]を発表した。これは、教科書が形になる前の編集段階から教科書内容に規制を加えようとする点に重大性がある。[107]二〇一四年度の中学校用教科書検定から適用して、「未確定な時事的事象について断定的に記述していたり、特定の事柄を強調しすぎていたり、一面的な見解を十分な配慮なく取り上げていたりするところはないこと」「閣議決定その他の方法により明示された政府の統一的な見解又は最高裁判所の判例が存在する場合には、それらに基づいた記述がなされていること」という基準が検定基準に新設されたことが二〇一六年度版教科書記述に大きな影響を及ぼしている。

9　戦後の日韓関係についての記述

ここまでは、韓国併合から日本の敗戦期までの日韓関係の教科書記述の変化を見てきた。戦後における日韓関係については、どのような記述をしてきたのかを見ておきたい。

一九九七年度版教科書「朝鮮戦争」

「日本の支配から解放された朝鮮でも一九四八年、アメリカの援助で南部に大韓民国（韓国）が成立し、ついでソ連が援助していた北部に、社会主義国の朝鮮民主主義人民共和国（北朝鮮）がつくられました。この両国は、それぞれアメリカとソ連の援助を受けて対立し、一九五〇年六月北緯三八度線の全域で戦闘がおこり、朝鮮戦争がはじまりました。アメリカ軍を主力とする国連軍は、半島の南端に追い詰められた韓国軍を助けて参戦しました。その後、中国が義勇軍を送って北朝鮮を援助したため、戦況が変わって、三八度線付近で一進一退をくり返すようになりました。開戦一年後には、平和を望む国際世論が高まるなかで休戦会談が開かれ、一九五三年に休戦協定が結ばれました。」

他社の教科書も朝鮮戦争については同様で、日本がこの戦争によって特需景気になったことや日本の占領政策の転換が行われたことも併せて記述している。二〇一六年度版でも、朝鮮戦争についてはほぼ同じ記述である。

日韓の国交回復についてはどうだろうか。

一九九七年度版教科書「日韓基本条約」

「アメリカ軍がベトナム戦争に本格的に参加した一九六五年、日本政府は日韓基本条約を結び、大韓民国政府が「朝鮮にある唯一の合法的な政府」であると認め、経済協力などを約束しました。こうして、アメリカ・日本・韓国の政府間の結びつきが強まりました。」

（近代日朝関係年表を設け、そこで日韓基本条約に反対する韓国の学生の写真を挿入＊筆者）

二〇一六年度版「日韓基本条約」

「両国の関係を正常化しようという日韓会談は、アメリカのあっせんで一九五二年に始まり、一時中断をはさみながら七次にわたって行われ、条約の締結までには一三年を要しました。条約の中で、政府は、大韓民国を朝鮮半島にある唯一の合法的な政府であると認め、経済協力などを約束しました。」

一九九七年度版と二〇一六年度版の違いとして、日朝関係史年表がなくなり、日韓基本条約に反対した学生の写真がなくなっている。ただ、本文の中で条約締結までに中断をはさみながら一三年を要したことが記述されていることで、なぜそれだけの年月を締結までに要したのかを考えさせる記述となっている。

一九九七年度版の教育出版歴史教科書では、日韓基本条約に関して、「近隣諸国と日本のつながり」という章で、導入として「くり返される妄言　一九五三年、第三次日韓会談の席上で、日本側代表者は、戦前の植民地支配は「例えばはげ山が緑の山に変わった、鉄道がしかれた、港が築かれた、また、米を作る水田が非常に増えた」など、「良かった面」もあったことを強調して、韓国側を怒らせ、会談は決裂した。これに対し、ある在日韓国人作家は、「飢え、貧窮しても、真の自由がほしかった韓国人の気持ちを理解しないもはなはだしい。」と批判した。日本の朝鮮統治は、朝鮮の近代化に貢献したとする、こうした一面的な発言は、その後も現在まで、日本政府を代表する人々によってくり返されている。」と書くなど、日本の植民地支配責任に言及している。

しかし、二〇一六年度版の教科書では、日韓基本条約を結んだ事実のみを記す教科書が多く、「この条約と同時に結ばれた協定により、日本が韓国に経済協力を行い、個人への補償は、韓国政府にゆだねられました。」と帝国書院の教科書にあるだけである。

10　二〇二一年度から使われている教科書

日本文教出版の「韓国併合」、「アジアの民族運動」、「コラム　関東大震災」、「強まる戦時体制」、「国民生活への影響」の記述は、二〇一六年度版とほとんど変化はない。これに関しては他社の教科書も同様である。一方、「日韓基本条約」では、「一九五二年に始まった韓国との交渉は中断を重ねました。しかし、ベトナム戦争に介入したアメリカの要請もあり、一九六五年、日韓基本条約が締結され、国交が正常化しました。一方で、日本と朝鮮民主主義人民共和国との国交はいまだ正常化されていません。」と若干変化をしている。日本文教出版は、このように交渉の経過を書いているが、東京書籍や教育出版は、一九六五年に日韓基本条約が締結されたことのみを記述する。また、日本の侵略などについて詳細に描く学び舎も戦後の朝鮮の独立の動きや朝鮮戦争については詳しいが、日韓基本条約については用語として載せるのみである。一方、山川出版は　双方の意見対立から日韓基本条約締結が遅れたことや、漁業、請求権・経済協力、在日韓国人の法的地位、文化協力の四協定を結んだことを、帝国書院も日韓基本条約と同時に経済協力の協定が結ばれる一方、個人補償は韓国政府に委ねられたと書いている。

いづれにしても、戦後における日韓関係に関する記述が乏しいことは確かだ。

11　教科書記述に求めること

朝鮮や韓国は、教科書の中でどのように描かれ、どういったイメージが作られていったのかを時代を追って整理してみたい。

まず戦後すぐの国定教科書では、日本や清、ロシアに翻弄され独力で国土を維持できない朝鮮という姿が前提となって描かれていた。また、併合に関しても、朝鮮が自ら望んで植民地になったと受け取れるように書き、植民地支配に至る経過や朝鮮民衆の抵抗、支配下における暮らしへの言及や、その後の独立運動などの記述はなかった。検定教科書が登場した一九五〇年代の記述も国定教科書時代と変化はほとんどなかった。

それが大きく変化するのは、一九六九年版教科書からと言える。「植民地」という用語が初めて登場し、日本の保護国化に対する反日運動が記述され、独立運動へと叙述の連続性がみられるようになった。植民地支配のもとでの民衆の抵抗が少ないながらも描かれるようになったのもこのころからである。一九七〇年の家永第二次訴訟における杉本判決を機に、教科書出版社や著者たちが積極的に教科書に加害の事実などを書き始めるようになり、韓国併合の記述も進展していった。一九八一年には反日運動が初めて義兵運動と記述された。

一九八二年になると教科書検定において近隣諸国条項が加わった。近隣諸国との歴史問題がメディアで大きく取り上げられたことによって、日本人のなかに加害の問題を見つめる意識が生まれていった。植民地下における諸政策や学校教育の問題が詳細に記述され、独立運動にも人数が具体的に書かれるようになったのも一九八七年版からだ。一九八〇年代における教科書記述の進展は大きい。

当初、朝鮮における日本の支配への抵抗運動を反日運動と書くものの、なぜ運動が始まったのかが書かれてこなかったが、一九八一年になって義兵運動としてようやく書かれるようになった。しかし、義兵運動が、安重根と結び付けて語られることはなく、また安による伊藤暗殺事件が併合を引き起こしたかのような記述となっていた。暗殺事件と切り離して併合が記述されるようになるのは一九八七年の教科書からである。また、植民地支配下での朝鮮民衆の暮らしの詳細が記述されるのも一九八一年からである。この記述によって植民地支配された民衆が独立を求める運動を展開していくことにつながっていくことになった。

安重根については、当初は名前も記述されず、「過激派」とされ、一九八一年版で「朝鮮の青年」となり、一九九三年版に安重根という名前が登場する。二〇〇六年版で「民族運動家の安重根」と記述された。その背景には、安重根研究が進んできたことがあげられる。安重根は韓国では一九五〇年代から国家的に顕彰する動きが始まった。一方、日本では一九七九年に安の『東洋平和論』が発見され、そこから本格的な研究が始まった。近年では龍谷大学に安重根東洋平和研究センターが設立され、日韓両国の研究者による安重根研究も深まっている。[108] そういった研究成果を教科書に記述した一例と言えよう。

韓国併合は具体的にどのようにして決められたのだろう。実は一番重要なこの問題が、正確に記述されてきたとは言えない。

一九六六年から一九九三年までの大阪書籍の教科書は一貫して「韓国併合を行い、朝鮮を日本の領土に加えて支配した。」といった記述をしてきた。この記述では植民地化が平和な状況で行われたように受け取れるだけでなく、韓国が併合に対してとった姿勢がまったく示されていない。いったいどのような形で併合条約が結ばれたのか、その内容とはどんなものだったのか、これではわからないままである。つまり、併合が植民地化であり、侵略であるということが隠されたままになってきたということになる。一九九七年になって「軍隊の力を背景に朝鮮を植民地にしました。」という記述が登場し、今に至る。この記述でようやく韓国併合条約締結が武力による強制のもとに行われたことが理解できると言えよう。戦後五二年にしてようやくこの記述がなされたのだ。

一九九七年版は、教科書記述にとって画期といえる。「慰安婦」がすべての教科書に記述されたという一点で評価する向きもあるが、戦後における日韓関係についても一九九七年度版教科書は特筆すべき記述がある。それは、アジア各地から起きている戦争責任と戦後補償を求める声を大きく取り上げた点だ。

大阪書籍では、「近現代日中関係年表」「近現代日朝関係年表」を作成し、日中年表では、「一九八二年中国が、日本の歴史教科書の内容を日本政府に抗議する」、日韓年表では、「皇国臣民の誓詞」「強制連行」など本文に書ききれない出来事や、戦後の日韓基本条約に反対する韓国の学生らの写真を掲載しているところにも表れている。日韓基本条約を扱った本文記述では「アメリカ軍がベトナム戦争に本格的に参加した一九六五年、日本政府は日韓基本条約を結び、大韓民国政府が「朝鮮にある唯一の合法的な政府」であると認め、経済協力などを約束しました。」という記述にとどまっているが、この写真を使うことによって、基本条約についてなぜ韓国の学生が反対したのかを問う授業を組み立てることができる。一枚の写真が本文以上に雄弁に歴史を物語り、そこから授業を展開させることができるのだ。

一九九七年度版の教育出版歴史教科書も、三・一独立運動について、ユ・ガンスンを導入に使い、二ページにわたってコラムで取り上げるだけでなく、「近隣諸国と日本のつながり」という章で、前述したように日韓会談における日本の政治家による妄言を取り上げている。

大阪書籍や教育出版だけでなく、一九九七年度版の教科書すべてこれまでの日韓の歴史研究の成果を盛り込んだ水準的に高い教科書と言える。

しかし、その後、一九九七年度版教科書の加害などの記述への批判が高まるなかで、その水準から後退せざるを得ない状況に陥ることになった。「慰安婦」記述がなくなり、南京大虐殺を南京事件とし、虐殺という言葉もなくなり、三光作戦や七三一部隊に関する記述も減り、沖縄戦記述も減少するなど大きく後退していった。

しかし、植民地化に関する記述に特化すれば、関東大震災のように本文からコラムにすることによって記述自体を変えないようにする工夫や、戦後の日韓関係については二〇一六年度版では日韓基本条約締結の過程について「両国の関係を正常化しようという日韓会談は、アメリカのあっせんで一九五二年に始まり、一時中断をはさみながら七次にわたって行われ、条約の締結までは一三年を要しました。」と詳述するなど、それまでの記述の水準を保とうとする努力、歴史学の新しい知見を導入して豊かな歴史像を中学生たちが描けるような記述がなされてきたことも確かである。

アジア太平洋戦争以前の日韓関係と比較すると、戦後の日韓関係に関する記述はあまりにも乏しい。当時、ヨーロッパの植民地になっていたアジア諸国は戦後、独立を目指して、宗主国と大きく対立した。独立運動や凄惨な戦争を経て独立を達成していった国が多い。朝鮮戦争もある意味、独立戦争と言えるのではないだろうか。

一方、敗戦によって植民地を失った日本は、その植民地支配を自らの手で清算し、解放に向けた努力を行ってこなかった。植民地支配への反省というより、日本が鉱山を開発し、水田を増やし、工場を作った朝鮮半島を失ったという経済的損失への後悔しかなかったのではないだろうか。植民地支配によって起きた隣国の被害を真摯に見つめ、植民地にされた地域の人々が納得する政策を行ってこなかったところに何の反省もなく植民地近代化論を臆面もなく主張できる精神構造が生まれたと言えよう。だからこそ、日韓基本条約や日韓請求権協定の締結に関しても謝罪の言葉もなかったのだ。

現在の教科書にある戦後の日韓関係の記述で中学生たちは現在の日韓関係について学ぶことは難しい。戦後の日本が朝鮮半島への植民地支配をどのように総括をしてきたのかがまったく見えないからだ。

戦後、米ソによって分断され、それぞれの国家が作られ、一九五〇年に朝鮮戦争が起き、一九五三年に休戦協定が結ばれたという記述には、本来あるべき朝鮮半島の人々の主体性がまったく描かれていない。これでは、日本による植民地支配後も他国に翻弄される主体性のない国として大韓民国や朝鮮民主主義人民共和国がとらえられかねない。また、日韓基本条約に至っては、最もシェアのある東京書籍は条約締結事実のみの記述。多くの中学生にとっては植民地支配の問題の何が未解決で今に至っているのか不明のままである。はたしてこれで、現在の日韓に横たわる問題を生徒たちは知り、考えることができるだろうか。

『朝日新聞』二〇二〇年一一月六日付に以下のような記事が掲載された。

「日韓関係悪化のきっかけになった元徴用工問題は、双方の主張に大きな隔たりがあり、解決の道筋は見えない。一九六五年の日韓請求権協定で解決済みというのが日本側の主張だが、韓国世論には今も謝罪や賠償が必要との考えが強い。なぜなのか。韓国の歴史教科書にヒントを探った。

……（中略）……日本のＮＰＯ法人「言論ＮＰＯ」と韓国のシンクタンク「東アジア研究院」が、日韓で今秋に実施した世論調査によると、日本では半数近くが韓国の印象を「良くない」と回答。その理由として最も多かったのが、「歴史問題で日本を批判し続けるから」だった。六割近くが、「韓国の反日教育や教科書の内容」に問題があるとした。韓国の歴史教科書は、日本政府が「徴用工問題は解決済み」との根拠にする日韓請求権協定について、否定的に書く。

……（中略）……今春に韓国で発行された八社の高校歴史教科書は、慰安婦問題や徴用工問題への記述が増えた。元徴用工への賠償を命じた大法院判決は二年前の出来事だが、八社のうち五社の教科書が記述した。

シマス社の教科書は、「日本政府に謝罪や賠償を求めて手紙を書く」との課題を設定。……（中略）……教師同士で歴史教育のあり方を研究する「全国歴史教師の集い」の金南秀副会長は「探求学習で生徒が韓日の主張の違いを調べ、解決方法を探ることができれば効果的学習になる」と話す。」

韓国では中学校でも、「慰安婦」問題は歴史の教科書に記述され、授業で必ず学んでいる。日本の植民地支配下で起きたことも中学校で学び、高校に進学する。そこで、再度、日韓関係について深めていくのだ。

一方、日本の子どもたちは、教科書における「慰安婦」記述が限られているため、教師が意識的に教えない限り、「慰安婦」問題にしても徴用工問題にしても学ぶ機会がほとんどない。そして、戦後の学習においても日本が朝鮮半島を植民地支配していた責任やその解決に向けた経緯も教科書に詳細に記述されず、日韓基本条約締結が唐突に登場するだけだ。これで日韓関係は解決したと言うつもりなのだろうか。日本文教出版の教科書では締結への反対運動が起きたことを記し、帝国書院や山川出版社の教科書にもわずかながらの記述があるが、これとても教師がよほどその内容を意識しない限り、戦後の諸外国との国交回復の一コマで終わってしまうだろう。書かない理由は何なのか。影響を及ぼしていると考えられるのは、二〇一四年の教科書検定基準の改訂だろう。ここ数年の日韓関係の悪化は目を覆うものがある。この問題を歴史的に学べる機会は中学校における歴史学習をおいて他にない。戦後の朝鮮半島の記述がほとんどされていない現実は、植民地支配の時代とその後の歴史の分断とも言える。朝鮮半島が分断された原因は日本による植民地化に起因しているにもかかわらず、戦後の記述がないことによってそのことを理解することができなくさせられている。これは、日本の植民地支配責任を免罪することにつながってはいまいか。被害国の人間は、被害の実態を学び、そこから解決方法を探ろうとしている。加害国の人間は過去の問題に関して都合の悪い部分は見ないようにし、その責任を問うこともなく解決済みとだけ刷り込まれる。これではたして、最も近い隣の国の人々との関係を改善し、交流を深めていけるのだろうか。

筆者は、これまで植民地下の朝鮮の人々の被害や戦時下における「慰安婦」記述に重きを置いて教科書記述を見てきた。しかし、今回、教科書記述の変遷を併合期から戦後に至るまで見ることによって、「慰安婦」記述が削除されていることも大きな問題だが、戦後の記述にも大きな欠陥があることを確認した。今後もこうした教科書記述が続けば、中学生たちは戦後の日韓関係を学ぶ機会のないままに社会に出ていくことになる。徴用工問題のような歴史をめぐる大きな対立に出くわしたときに、何を基本に考えることができるのだろう。先の『朝日新聞』に記載されたアンケートで、日本において韓国の印象を「良くない」と考える人々が半数近くに上ったのは、日韓のこれまでの歴史を学ぶことなく、今のメディアやネット上にあふれる情報に誘導されてい

表1　歴史教科書を出版している教科書会社の1997年以降の変化（年度は使用年度）

	1997年	2002年	2006年	2012年	2016年	2021年	備考
大阪書籍	○	○	○	×	×	×	注1
教育出版	○	○	○	○	○	○	
清水書院	○	○	○	○	○	×	注3
日本書籍	○	○	○	×	×	×	注2
日本文教出版	○	○	○	○	○	○	注1
帝国書院	○	○	○	○	○	○	
東京書籍	○	○	○	○	○	○	
学び舎					○	○	
扶桑社 （育鵬社）		○	○	○	○	○	注4
自由社				○	○	不合格	注5
山川出版						○	

注1．2009年に版権を日本文教出版に譲渡。大阪書籍の教科書を，日本文教出版が継続して出す。
　2．2002年に倒産後，日本書籍新社となるが，2006年度版後に撤退。
　3．清水書院は2016年度版後に中学校社会科教科書から撤退。
　4．2012年度版からは育鵬社として，「教育再生機構」の教科書を発行。
　5．「つくる会」．の内紛によって組織が分裂し，「つくる会」として新たに自由社を立ち上げ，扶桑社版とほぼ同じ内容のものを2010年に自由社から発行。2021年度版は検定で不合格となったが，翌年再申請をして，合格した
＊竹田恒泰が申請した令和書籍の歴史教科書は不合格になったため，ここには含んでいない。

る結果の表れと言えるのではないだろうか。教科書に必要な記述は、戦後、朝鮮半島がどのようにして今に至っているのか、また日韓で植民地支配の問題についてどのような話し合いが行われてきたのかという記述である。今後の教科書に、「慰安婦」記述の復活とともに、これらの記述を求めていきたい。

歴史教科書を出版している教科書会社が一九九七年以降、大きく変化している（**表1**、年度は使用年度）。

第五章　「慰安婦」授業で何を学ぶか

一九九三年、日本政府は河野談話で「慰安婦の募集」「慰安婦の移送」「慰安所の設置、管理」に日本軍の関与を認め、「多数の女性の名誉と尊厳を深く傷つけた問題」とし、「歴史の教訓として直視し」「同じ過ちを決して繰り返さないという固い決意」を表明した。これは、諸外国に対する日本政府の約束ともいえるものであり、これを機に一九九七年にすべての中学校の歴史教科書に「慰安婦」が記述されることになった。一方、先述したように「自由主義史観研究会」などの研究者をはじめ、政治家などから「慰安婦」を教えるなという主張が高まり、この問題をめぐる論争が大きく展開された。このような状況の中で、積極的に「慰安婦」授業が行われ、『歴史地理教育』[109]をはじめとする教育雑誌などにその実践が掲載されるようになった。

ここでは教科書記述以降の実践にしぼって、その傾向を分析してみたい。

表2に紹介した実践は『歴史地理教育』に実践として掲載されたものが主である。戦後、民主的な社会科教育をめざして結成された歴史教育者協議会は、科学的な学問研究に裏打ちされた歴史学とそれに根差した歴史教育をおし進めてきた。会員も、近現代における日本の戦争、特にアジア太平洋戦争について「侵略戦争だった」という認識をもち、「「戦争はなぜ起こされたのか」「なぜ止められなかったのか」という子どもたちの抱く「素朴な疑問」を、子どもたちとともに「事実」に基づいて問いなおしていく必要がある。」[110]と、戦争の実相を子どもたちに伝えるために多くの教師が実践を積み重ねてきた。一九九一年の金学順の告発、「河野談話」発表以降、積極的に「慰安婦」のことを授業で取り上げようという機運が高まった。一九九七年に子どもたちが使う教科書が手渡される前から、「慰安婦」の授業つくりが進み、実践が行われていった。実

表2 「慰安婦」問題を取り上げた実践

	年	実践者	タイトル	掲載紙・本	発行元
①小	1997	山田征夫	「小学校　性教育を土台にすえて」	『「日本軍慰安婦」をどう教えるか』石出法太・金富子・林博史編	梨の木社
②中		勝冶美喜子	「中学校　女性に対する人権教育の視点から」		
③中		大谷猛夫	「中学校　戦争の真実を伝えたい」		
④高		吉池俊子	「高校　生徒の疑問を大切に」		
⑤高		菊地宏義	「高校　自分で考え意見をもっていく高校生を育てるために」		
⑥中	1997	大野一夫	「戦争責任を考える」	『歴史地理教育8月号』No.566	歴史教育者協議会
⑦高	1997	浅井義弘	「「従軍慰安婦」問題を考える」	『歴史地理教育8月号』No.566	歴史教育者協議会
⑧高	1997	鈴木智子	「「従軍慰安婦」問題を授業で扱って」	『歴史地理教育12月増刊号』No.572	歴史教育者協議会
⑨中	1998	平井美津子	「中学生に「従軍慰安婦」問題を教えて」	『歴史地理教育7月号』No.580	歴史教育者協議会
⑩中	1998	庵原清子・黒田貴子・桜井千恵美・平井敦子・平井美津子	座談会「「従軍慰安婦」問題を中学生に」	『歴史地理教育12月増刊号』No.588	歴史教育者協議会
⑪中	1999	加藤和子	「戦争責任について考える」	『歴史地理教育11月号』No.601	歴史教育者協議会
⑫高	1999	川西宏・中尾健二	「高校生徒と取り組んだ「従軍慰安婦」展」	『歴史地理教育12月増刊号』No.603	歴史教育者協議会
⑬中	2002	本庄豊	『新ぼくらの太平洋戦争』		かもがわ出版
⑭中	2005	高橋民子	「金学順」	『歴史地理教育3月増刊号』No.682	歴史教育者協議会
⑮高	2005	吉池俊子	「高校生の疑問に答える「慰安婦と戦争」の授業」	『歴史地理教育7月増刊号』No.687	歴史教育者協議会

⑯高	2008	福田秀志	「「慰安婦」を学ぶ女子大生に「慰安婦」を学ぶ」	『歴史地理教育8月号』No.733	歴史教育者協議会
⑰中	2008	高橋勇雄	「「慰安婦」問題を学んだ中学生とその後」	『歴史地理教育8月号』No.733	歴史教育者協議会
⑱大	2012	石川康弘	「学び　・驚き・考え・育つ」	『歴史地理教育１月号』No.784	歴史教育者協議会
⑲中	2012	小堀俊夫	「「慰安婦」問題と中学生」	『歴史地理教育12月号』No.798	歴史教育者協議会
⑳中	2013	平井美津子	「歴史教育の現場から」	『歴史学研究』No.901	歴史学研究会
㉑中	2015	平井敦子	「戦場に向かう女性」	『歴史地理教育5月増刊号』No.837	歴史教育者協議会
㉒中	2015	黒田貴子	「生徒たちの意見を受けとめながら、伝えるということ」	『歴史地理教育８月号』No.838	歴史教育者協議会
㉓小	2019	藤田康郎	「在日コリアンを通して人権ついて学ぶ」	『歴史地理教育3月増刊号』No.892	歴史教育者協議会
㉔高	2019	山本政俊	「性暴力の授業をする」	『歴史地理教育11月号』No.901	歴史教育者協議会
㉕中	2020年	井村花子	「「想い」を言葉にする力―ナディアさんの願い―」	『歴史地理教育２月号』No.905	歴史教育者協議会

注：「年」は雑誌や書籍に掲載された年を示す。実践の時期は若干さかのぼる。

践の特徴としては社会科の授業に位置づけて教えることだった。

1　これまでの「慰安婦」授業実践（小学校・高校・大学）

まず、小学校、高校、大学と分けながら分析していきたい。

小学校の実践①は六年生を対象に行われている。性教育として、理科・保健体育・道徳・学級活動を通して、思春期の体、いのちの誕生、自分の成長や他者への思いやりやいたわりを学び、性のコントロールについて理解させようと授業は構成されている。そして、映像で「慰安婦」にされた女性たちの証言に触れ、子どもたちが出していった疑問を調べ、発表していく時間をかけた授業だ。性教育で九時間、「慰安婦」授業で五時間という扱いは、小学校だからこそできる柔軟な時間配分だ。小学生たちが真剣に受け止めた様子が記されている。小学校での実践がほとんど登場しないのは、性教育は行っても、「慰安婦」まで教えようという意識をもった教師が少ないせいと言える。

同じく小学校の実践㉓は、強制連行された曽祖父をもつ在日の生徒のいるクラスで、学習を通して、共感しあえる関係を築こうという趣旨で取り組まれたものだ。一学期に生徒の母親による曽祖父の強制連行の体験の語りを真剣に聞いた生徒たちは、ヘイトスピーチについて学び、憲法を学習した。二学期になると、日本の植民地下で行われた創氏改名や土地取り上げ、朝鮮語の禁止などを学び、「慰安婦」について、軍人の資料や金学順の証言などから学んでいった。在日コリアンの歴史や戦争について学ぶことで、在日を苦しめているものが歴史の中にあることに生徒たちは気づいていくことになった。長いスパンで考えられた実践である。小学校は学級担任制のため、教科横断的な形や総合的な学習、特別活動などを使って授業を作ることができることによってこれだけの取り組みがあると言える。

次に高校の実践を紹介する。

④⑮は同じ教師による女子高校での実践である。④では、映像を見せて生徒の疑問から授業に入っている。女子高校生からの質問は、日本政府が認めないことや性の問題、男女交際、世界からの視線など多岐にわたり、性風俗の問題にも及んでいる。また、この問題の解決のために何ができるかということを考えさせている。⑮では、授業形態は変わっていないが、より進化させ、授業の前提として、三光作戦、日本の世界からの孤立、「世界国際戦犯法廷」と「ＮＨＫ」裁判（世界国際戦犯法廷に関する番組の改ざん問題の裁判）に触れている。そのうえで、生徒の疑問のなかからキークエスチョンとなるものとして、「なぜこんなひどいことが行えたのか？」と「なぜ五〇年以上もたってから」という二つを選び、生徒たちは思考を深めていく。前者は日本の侵略戦争の本質に迫る問であり、後者は加害国としての日本を認識させることになる問である。実践者は最後に「「慰安婦」問題について、まず事実を伝え、ともに考え、問題の本質に迫る授業に力を注ぎたいと改めて感じている。それは、教師ができる戦争責任の取り方の一つであると感じているからである。」と結んでいる。

⑤は、日本の軍隊の構造やその特殊性に焦点を当てながら、慰安所が作られた経緯、だれが

「慰安婦」にされたかと順を追ってその実態を学び、最後に戦後補償問題へと導いている。

⑦の授業者は「「従軍慰安婦」だけを扱った授業はしていません」と言い、十五年戦争における侵略・加害行為、人権侵害行為の一つの問題として取り上げている。「大東亜共栄圏の実態」という単元で、金学順の証言を取り上げ、「軍慰安所従業婦等募集に関する件」という資料を提示することで軍の関与のもとで制度が作られたことを生徒に読み取らせ、戦後史における戦後補償の問題に結びつけることで、現代の問題としてとらえさせている。

⑧は世界史Aでの女子クラスでの実践である。日本とかかわりの深い地域の歴史を学ぶということで、ハワイ・シンガポール・中国・香港・台湾・朝鮮・サハリンなどを一二時間取り上げ、その授業の最後の五時間を使って「慰安婦」を扱っている。『「従軍慰安婦」にされた少女たち』(石川逸子、岩波ジュニア新書)や『女たちがつくるアジア』(松井やより、岩波新書)の一部をプリントにし、ひたすら読み続けた。学年末考査で「「従軍慰安婦」の記述を中学校の教科書に載せるべきか、載せるべきでないか」ということを問い、藤岡信勝らの主張に対する意見をプリント学習の感想を踏まえて書くテストを実施している。授業への共感をもつ生徒が多かったことがわかる。一方、投げ込み的な面が強く、日本の侵略という面からのアプローチは弱くなっている。

⑫は「京都の平和のための戦争展」で「中学・高校生のための「従軍慰安婦」展」に取り組んだ私立の高校生の活動である。授業の中で教師が設定した調査項目を高校生自身が選択、情報収集、レポート作成という形で行ったものをベースにして、校内展示をした。クラス全員が「慰安

婦」についての事実（「慰安婦」、「慰安所」、そこでの生活、証言、戦後の様子、日本政府の対応、ナヌムの家、国内世論、国際世論、教科書など）を多岐にわたって展示し、戦後補償や戦争責任、裁判までまとめたうえで、「私たちの意見表明」としてクラス一人ひとりが書き、紙芝居の発表なども行っている。授業時間だけで行ったものではなく、長い期間で取り組まれたものである。

⑯と⑱は関連する取り組みである。⑱は神戸女学院大学三、四年を対象にした石川康宏ゼミでの実践である。戦争と人権を取り上げる石川ゼミでは、学生主体の学びを重視し、教師が教えるのではなく、あくまでも学生の学びをサポートするという形でゼミが進んでいく。学生たちは、「慰安婦」問題を考えるために文献を読み込み発表するとともに、東京（靖国神社など）と韓国（ナヌムの家、西大門刑務所など）へのゼミ旅行を通して、体験者の話を聞くことによって、そこで学んだことを書籍化したり、公開講座で語ってきた。「慰安婦」問題を中学や高校で学んだこともなかったという学生たちが、「慰安婦」問題に初めて出会い、そこから自分たちのすべきことや社会との向き合い方を考えるようになっていった。学生たちの成長がわかる。

⑯は石川ゼミの学生を高校日本史の授業に招いて、そこで学生たちが高校生に語るという実践である。学生たちがナヌムの家を訪ねた時の様子を映像にして、そこに暮らす元「慰安婦」の人々の様子や韓国日本大使館前での水曜集会が訴えていることなどを自分たちの感想も交えながら伝える。それを聞いた高校生たちは「私たちは真実が知りたい」と卒業考査の答案に書いた。戦争を知らない世代が学んだことをその下の世代に伝えていくという実験的試みだが、歴史に学

び社会にどう向き合うかを若者同士が学びあっていく実践と言える。

㉔はソウル大使館前の少女像や碑文を紹介し、そこに込めた願いを考えさせ、河野談話とその後の日本政府の姿勢を紹介している。また、沖縄県宮古島に「慰安婦」を悼む碑がつくられていることを示し、日韓合意について、高校生たちに「『一〇億円出したのだから、もう蒸し返すな。少女像は撤去しろ』ということをあなたはどう考えますか?」と投げかけている。「性暴力をなくすために教育は何ができるでしょうか」と実践者は問う。

2　これまでの「慰安婦」授業実践（中学校）

小学校や高校では、討論の時間を設け、性教育などと絡め数時間を使っての教科横断型もしくは特設的な実践が多いが、中学校では授業時数の関係から一時間、多くても二時間が限度である。限られた時間の中で、何にしぼって授業を展開し、子どもたちに何を獲得させるのか、が焦点となってくる。これは決して時間的制約だけに縛られてのことではない。「慰安婦」問題を決して特別な問題としてではなく、アジア太平洋戦争における加害の実態を示す一つのものとして扱うということを教師自らが自覚的に考えているからだ。

②は性教育や人権教育という観点を重視し、満州事変から敗戦までの授業に七時間を取り、「日本軍の罪と罰」という最後の時間で南京大虐殺における性暴力と「慰安婦」を関連させ、援助交際の問題とも絡め、「慰安婦」問題を扱っている。実態を知った生徒たちからは、「慰安婦」

にされた女性たちへの共感やそれを教科書に載せて学ぶ意義について感想が紹介されている。

③では、満州事変から敗戦までに一二時間の授業を設定し、「フィリピンでの戦闘」の時間で「慰安婦」を扱っている。フィリピンでの日本軍の戦闘や兵士たちによるレイプ、そこで「慰安婦」にされたフィリピン人女性の証言を用いながら、なぜこういった制度ができたのかを考えさせている。

⑥では、世界恐慌から敗戦までの一二時間を使って授業を行っている。最後に「戦争責任を考える」という時間を設け、単元のまとめとして扱っている。実践者は「「従軍慰安婦」のみを教えることが目標ではない。戦争責任や補償の問題を考えていくうえで、一つの事実として位置づけ」ている。内容は、金学順らの証言の映像、新聞記事を使い、事実を学び、政治家による「慰安婦」を「商行為」「強制だったという証拠はあるのか」といった発言を示しながら、子どもたちに意見を書かせ、またその意見を子どもたちにフィードバックすることによって、再度子どもたちの意見を揺さぶっている。そのことによって、それまで学んできた戦争学習を、戦争責任と戦後補償という視点から改めて考えさせる実践である。

⑨は筆者の初期の実践で、一二時間でアジア太平洋戦争学習を設定し、「日本の犠牲になった人々」と最終時間の「まだ終わらない戦争」で「慰安婦」を扱った。「日本の犠牲になった人々」では、大東亜共栄圏の実態はどうだったのかを考えさせるために、金学順の証言の映像や資料を読み、侵略の実態を学んだ。そして、最後の授業で、こういった戦争被害者に対する戦争責任をどのようにとるのか、また補償をどうするのかを考えさせている。

⑪は「現代を斬る」というテーマで、授業の中で扱わなかった現代的な問題を取り上げ、生徒たちが調べ、発表するという形式の選択社会科授業の実践である。生徒が選んだテーマの一つが「戦争責任について考える」だった。発表した班によっては、「つくる会」の主張に基づいた発表もあり、意見交流では「それに振り回されてしまった」と実践者の課題が正直に述べられている。授業のなかだけでは解決されない問題であることが浮きぼりになっている。

⑬は「新ぼくらの太平洋戦争」授業として一二時間をアジア太平洋戦争学習に充て、「朝鮮人・中国人強制連行と従軍慰安婦問題」の単元で「慰安婦」を扱っている。花岡事件や松代大本営における強制連行を前段で取り上げ、後段で「元「慰安婦」カン・ドッキョンさんの死に寄せて」という文章を紹介し、感想を書かせている。カン・ドッキョンが描いた絵や笠木透の音楽などを使うことも提案している。

⑭は実践報告ではないが、実践者がこれまで行ってきた「慰安婦」授業に言及している。実践者は授業では必ず「「教科書に載せるな、日本の恥だという意見があるがどう思うか」と子どもたちに投げかけてみる」と言う。「平和な今の時代に生まれてよかった」で終わらせてはいけない問題として、現代における沖縄での米軍による性暴力とも関連させて軍隊の性格を示すべきだと授業提案している。

⑰は私立中学校での韓国修学旅行への取り組みとしての実践である。修学旅行の事前学習としての「韓国講座」という授業で、韓国の地理や文化、日韓関係、植民地下の問題、南北問題、在日問題、戦後補償などを一五時間にわたって計画し、植民地下における皇民化教育や強制連行を

学んだ後に「慰安婦」問題を扱っている。教材はビデオが中心で、修学旅行では元「慰安婦」に実際に話を聞いている。修学旅行後には、芸術祭ミュージカルのなかに「慰安婦」問題を挿入し、展示発表や自分たちでＤＶＤも作るなど、学校外への発信なども行っている。

⑲は、「慰安婦」を教科書記述から削除しようとするキャンペーンに対して実践者が疑問をもって行った実践である。当初は、自分が担任をしているクラスでだけの特別授業として「慰安婦」を扱っていたが、社会科のアジア太平洋戦争の授業で学習する必要性を実感したと言う。中三の社会科の授業では、元日本兵の証言から入り、慰安所を作った理由、「慰安婦」にされた女性たちの証言をたどり、なぜ「慰安婦」だった人々が証言をするようになったのかを考えさせ、最後に「「慰安婦」のことが中学校の教科書に載っていない、中学生が学ぶ機会がないことについて、君はどう思うか」と問うている。

⑳は筆者の実践をもとに、教科書に記述されたときとされなくなったときでそれぞれの子どもの感想を比較するとともに、学校現場にどのような政治介入が起きているのかを示すとともに、戦争学習の中で「慰安婦」問題を取り上げる意味について書いたものである。

㉑は、卒業間近の中三に「戦争の記憶」として四時間で構成したなかで一時間を取り、「戦場に向かう性」として授業を行っている。「慰安婦」に対する妄言が飛び交うなかで、日本社会の課題としてこの問題を中学生に考えさせようと実践者は考えている。戦地に向かう女性の写真を見せ、なぜ女性が戦地に向かうのかという問を発端に、内地から「慰安婦」が駆り出された実態を示す。そのうえで、植民地でも女性が徴集された事実を紹介し、最後にカン・ドッキョンの一

生を描いた石川逸子の詩を紹介している。実践者はこの問題を女性の尊厳や兵士の人権や社会の差別性に気づかせるうえで必要な授業だととらえている。

㉒の実践者は一九九四年から三年を担当するたびに中学校最後の授業として「慰安婦」問題を取り上げてきた。導入で「慰安婦」問題への政治家の言葉を取り上げ、「慰安婦」の実態を学び、河野談話と「慰安婦」にされたカン・ドッキョンの詩を紹介し、生徒に疑問点を書かせている。二時間目は質問に答える形で授業が進行し、最後に一時間目の生徒の感想を紹介し、再度感想を書かせている。そのことによって、他の生徒の声を聞き、気づかされたり、反論をしたりと、意見が揺さぶられ、思考を深めていった生徒の様子が紹介されている。

㉕は直接「慰安婦」を扱ったものではない。イラクに暮らし、ＩＳによって性奴隷とされ、その後人権活動家として活動するナディア・ムラドが二〇一八年にノーベル平和賞を受賞したことを題材に、中一の道徳と総合的な学習で行ったものだ。イラクの紛争地域で起きたジェノサイドや性暴力を学び、ナディアが呼び掛けていることを知ることによって、自分たちがそれをどう受け止めるかを問うている。実践者は「「慰安婦」の学習につながる大事なテーマ」としてとらえている。

3　時代とのかかわりの中で変化する「慰安婦」実践

「慰安婦」の授業に関しては、すでに小川輝光により詳細な分析[111]がなされている。小川は実践に関して、四期に分けて分析している。一期は一九九二年～一九九六年を「従軍慰安婦論争」以前の時期、二期は一九九六年～二〇〇一年を「従軍慰安婦論争」の時期、三期は二〇〇一年～二〇一三年を教科書記述記載消滅期と「つくる会」教科書問題の時期、四期を国家が教育に介入しようとする現在、である。

筆者は、すべての教科書に記述されてからと、教科書記述が消滅してからの大きなくくりで考えてみたい。

一九九七年、「慰安婦」記述がすべての教科書に登場したのと同時に、藤岡信勝ら「自由主義史観研究会」や「つくる会」などは、「慰安婦」を教科書に載せるべきではない、性教育は学校で教えるものではないといった主張を『産経新聞』などを通して繰り広げていった。この動きに対して、自ら授業をし、そこでの生徒たちの意見をもとにして、「慰安婦」を教える意義はどこにあるのかを確認していった教師は少なくない。小学校・高等学校の授業と中学校の授業は実践的には大きく異なる。小学校や高等学校では時間にあまり制約を受けずに、長いスパンでの授業やトピックス的な扱いが多い一方、中学校では時間的制約もあるなかで、「慰安婦」という事象だけを特別に取り出しての特設授業ではなく、アジア太平洋戦争という単元の中で戦争の加害の問題として系統的に授業プランがつくられたうえでの実践が特徴的だ。

一九九〇年代は援助交際が社会的に大きな問題となった。⑩は実践ではないが中学女性教師たちが「慰安婦」問題の授業について語り合った対談だ。「女性を取り巻いてきた歴史というのをまっとうな教材で取り上げることが歴史学習の中でなかった」からこそ、「慰安婦」を教材化する必要があると女性史の観点が出される一方で、どんなに荒れた子どもたちも「慰安婦」の授業は熱心に聞くと言う教師、中学生にこそ「慰安婦」を通して性の問題を真剣に語ることができると性教育や人権教育の観点からの授業の必要性が語られている。紹介したほとんどの実践に共通していることは、戦後補償と戦争責任の問題として子どもたちに考えさせるという観点だ。

これが、二〇〇〇年代になり教科書から記述が減り、最終的になくなっていくと、実践に変化が見られる。戦争の授業の中で「慰安婦」問題にもっと様々な角度から光を当てようというものだ。歴史教育者協議会における中学校の実践では、先述したように、アジア太平洋戦争に位置づけて行う系統学習としての実践がほとんどだ。戦争を国際情勢、国内における政治・経済情勢、反戦、加担、協力、被害、加害といった面から見せるときに、「慰安婦」は日本がもたらした加害であり、女性という存在が戦争の中でどのように扱われたかを示す重要な教材としてとらえられている。そのなかで、女性だけに焦点を当てるのではなく、その背景として戦地において非人間的な扱いを受ける兵士の実態、現地調達主義の中で現地の人々を略奪や暴力の対象としてしか見ないような人間性を失っていく兵士の様子を重ねることによって、戦争の実相をより鮮明に浮かび上がらせようとするものが増えていった。人権という存在そのものがない日本軍の本質から、女性の人権を蹂躙する場としての慰安所と「慰安婦」を考える視点が提示されていったと言える。

また、教科書記述がなくなったのはなぜか、戦争を記憶することはどういう意味をもつか、日本政府の現在の対応や「慰安婦」を否定しようとする世論などにも触れることによって、「慰安婦」問題を過去の歴史問題としてだけでなく、現代的な課題として考えさせようという試みが増えていった。

㉑の実践者である平井敦子は、卒業する子どもたちに「戦争の記憶」として戦争の記憶の継承についての特設授業で「慰安婦」を扱っている。「ネットを開けば、「朝鮮人高級売春婦」などの妄言が否が応でも目に入り、同時に国内外からそのような言説への批判と応酬も目にする。こういう社会に無防備で放り出せとでもいうのであろうか」と、平井敦子は書く。㉒の実践者の黒田貴子も、今なお戦争責任や戦後補償がなされていないために国際問題化している問題として「慰安婦」授業を取り上げ、主権者としてこの問題にどう向き合うかを義務教育を終える子どもたちに提示している。どちらも社会科教師として、授業を超えて子どもたちの魂に響くようなものを伝えたいという思いがあふれる実践だ。「慰安婦」の授業は、戦争の実相を学ぶだけでなく、人間としての自分の在り方を問うものでもある。

4　筆者のこれまでの実践

一九九七年にすべての中学校歴史教科書に「慰安婦」が記述されてから、一九九七年、一九九八年、二〇〇一年、二〇〇六年、二〇〇九年、二〇一〇年、二〇一三年、二〇一六年、二〇二〇年、二〇二一年の計一〇回にわたって「慰安婦」に関する授業を行った。これまでの実践に関してはいくつかの論文や著書[112]で紹介してきた。ここではこれまでの論文や著書に十分書ききれなかった実践を含めて、実践を概観してみたい。

アジア太平洋戦争学習では、戦争の加害・加担・被害・反戦・抵抗・責任といった観点から授業を組み立ててきた。多少の時間配分の違いはあっても、基本的なプランは一九九七年のものと大きくは変わっていない。すなわち、①世界を揺るがした世界恐慌とファシズムに走った国々、②ファシズムと闘う人々、③昭和恐慌、④満州事変と軍部の台頭、⑤戦争に反対した人々、⑥日中戦争と抗日の戦い、⑦国家総動員体制、⑧犠牲になったアジアの人々、⑨ヨーロッパにおける第二次世界大戦、⑩ナチスによるユダヤ人虐殺、⑪アジア太平洋戦争への道、⑫戦況の悪化と国民生活、⑬戦場になった沖縄、⑭日本軍と沖縄住民、⑮広島・長崎、⑯日本の敗戦とアジア、⑰まだ終わらない戦争、といった構成である。

「慰安婦」については、⑧「犠牲になったアジアの人々」で扱った。「慰安婦」を取り上げるのは、①現地調達主義によって物資も人もすべてを現地で調達する日本軍の姿勢や強姦が蔓延していた実態から日本軍の本質や戦争の実相に迫る、②当時の外国人差別や女性蔑視といった人権の問題を考える、③中学生に性の問題を考えさせる重要な提起となる、④日本の戦争責任と戦後補償から現代を見る、といった意味があると考えてきたからだ。

戦争でこのように女性たちが性の犠牲にならなければならなかったのかを考えることは、現在も世界各地で起きている戦争・紛争や、日常の生活で女性たちが性暴力にさらされている状況をみつめる視点をもつことにもつながる。また、その事実を抹消したり矮小化しようとする人々の動きは、戦争を知らない世代である子どもたちに戦争責任や戦後補償の解決がなされていない状況を示し、日本の戦争責任の取り方を考えたり、解決への道筋への模索を問題提起するものでもある。そして、「慰安婦」の授業は戦争の実相をさぐるだけでなく、「慰安婦」の戦後の生き方から彼女たちの告発や日本への謝罪や賠償を求める活動が社会を動かしていくことを学び、現在の我々が過去の戦争や植民地支配とどう向き合うかを問うものである。

一九九七年の授業では、金学順の記者会見の報道映像を見せ、被害者が求めていることは何かを考え、日本がこの問題にどのように向き合ってきたかを示し、戦後補償を考えるというものだった。当時、「援助交際」という言葉が社会を席巻し、中学生にまで広がりを見せつつあった。戦争の中で性を弄ばれた少女たちを取り上げることによって、子どもたちに自分の性のあり方を決定することの大切さを知らせたいという思いが強くあった。一九九八年もこの授業スタイルは変えなかった。しかし、子どもたちが主体的に考えるというより、教えこみの性格が強い授業だった。

二〇〇一年の授業は、教科書から記述が減少するなかで、実際に授業で「慰安婦」について学んでどんな感想をもったかを子どもたちに聞き、教科書に記述することの是非を問うものにした。

二〇〇六年の授業は、金学順の証言を読み、「慰安婦」にさせられた経緯、当時の年齢、「慰安婦」として受けた性暴力、どのような状況の下に管理されていたのか、慰安所の場所、戦後の彼女たちの人生を紹介し、戦後四六年後に名乗り出た意味を考えた。「なぜ軍隊に慰安婦が必要なのか？」という子どもたちから出る質問を中心に展開していくなかで、補償を求めて立ち上がった被害者の姿から、彼女たちを女性の人権活動家としてとらえる視点が子どもから生まれた。また、九八年教科書と〇六年教科書を比較し、〇六年版に記述がない事実から、その理由を日本政府の対応から考察する時間を作った。ソウルの日本大使館の前で行われている水曜デモとその要求（日本政府の「慰安婦」強制連行の事実を認めること、謝罪、実態を明らかにすること、慰霊碑を建てること、補償、歴史教育で教えること、責任者の処罰）を提示するとともに、河野談話にあった歴史教育で伝えるということが教科書記述がなくなることで後退した事実や、政治家による「お金を稼いでいた」「強制ではなかった」といった発言を示すことで、私たちはこの問題にどう向き合えばいいのかと投げかけた。

日本政府の対応が元「慰安婦」たちの願いとはまったく逆の方向に向かっていることに気づいた子どもたちの義憤にかられる感想も少なくなかった。沖縄に修学旅行に行く直前ということもあり、ペ・ポンギ[113]のように沖縄に連れてこられた「慰安婦」がいたことも紹介し、軍隊があるところには慰安所があったということに触れ、沖縄も例外ではなかったことを確認した。

授業を受けた子どもの多くは、「慰安婦」をはじめとする戦争の実態を学んだことを機に戦争について深く考えるようになったという声が多かった一方で、この問題を認めたくないと言い続けた生徒もいた。自由主義史観研究会の本などによる影響を受けている生徒の発言もみられるようになったのがこの時の特徴といえる。

二〇〇九年の授業では、沖縄と「慰安婦」を意識して授業を展開した。一九四五年三月末に沖縄の慶良間諸島で起きた集団自決を描いた『沖縄ノート』（岩波書店、一九七〇年）の著者の大江健三郎と岩波書店が名誉棄損と出版差し止めを求めて元戦隊長らから訴えられた。二〇〇五年八月に大江らを提訴した当時慶良間諸島に駐留していた元戦隊長らの主張は、集団自決は日本軍の命令によるものではない、というものである。

二〇〇八年三月に大阪地裁、同年一〇月に大阪高裁、二〇一一年四月に最高裁で大江・岩波側が勝訴した。しかし、この裁判中の二〇〇七年三月、高等学校日本史教科書における集団自決の記述から「日本軍」という主語が検定によって削除される事態が起きた。沖縄戦裁判を起こした人々の本当の狙いは教科書から日本軍が集団自決を命じたという事実を削除することにあったのだ。

一方、この裁判の過程で、沖縄で集団自決をはじめ、沖縄戦の実態を見つめなおそうという機運も高まった。そのなかで慶良間諸島における「慰安婦」の実態が詳しくわかるようになっていったことも事実である。

筆者は戦闘地域や占領地だけでなく、沖縄にも多くの女性が「慰安婦」として存在したことを授業で触れることによって、沖縄という場所が戦争の中でどのように位置づけられていたのかを考えさせようとした。

在特会[114)]が集団自決や「慰安婦」の授業に対し、学校に圧力をかけてきたのは二〇〇九年二月のことだった。筆者が近現代史の授業プリントに「慰安婦」「集団自決」を記述し、教えているということを取り上げ、「偏向しているから、是正指導しろ」と勤務校や市教育委員会に交渉する行為が繰り返された。学校現場の歴史を教える教員がそういった攻撃の対象になるのは、学校で子どもたちの歴史認識の形成に直接働きかけているところにある。歴史学研究と歴史叙述、歴史教育の最前線が学校だからだ。教科書は主たる教材として教師や子どもが使うものであり、実際に子どもに授業で教科書を使って教えていくのは教師だ。たとえ、教科書から「慰安婦」記述が消えても、それを教える教師がいるならば、子どもたちに「慰安婦」を教えさせまいとする目論見は破綻することになる。これが、学校における歴史教育への攻撃の理由と言える。

筆者への処分や「慰安婦」を教えさせないようにしろという在特会の要求に、市教育委員会は管理職に筆者の「慰安婦」授業プリントの回収などを求めたが、当時の管理職は屈することはなかった。そして、外部の圧力に影響されての是正指導は行われなかった。

そこには時代状況が大きく反映している。この当時は、まだスマートフォンやSNSが普及する直前だった。スマホやSNSをだれもが使う現在、真実かどうかを確認せず、フェイクと言える情報が一挙に流れ出し、同じ意見をもつ人々がその情報をまた拡散していくという状況が起きている。もしこのような状況がこの時すでにあったとすれば、学校の対応は二〇一八年に筆者に起きたことと同じようになっていたとしても不思議ではない。

在特会の活動が大きく注目されるのは二〇〇九年一二月四日、京都朝鮮第一初級学校に一一名で押しかけ襲撃をした事件[115]からだった。筆者の勤務校に押しかけてから一〇か月後のことだった。

二〇一〇年、異動した勤務校で三年を担任することになった。六月に「慰安婦」の授業を行ったところ、再び在特会が学校や市教育委員会を訪ね、授業についての攻撃を繰り返した。筆者は自分の授業を見つめ直そうと夏休みに韓国の「ナヌムの家」[116]を訪れた。元「慰安婦」の方々に直接体験を聞き、自分自身が行っている授業やそれに対する批判を話した筆者に、元「慰安婦」だったペ・チュンヒから「負けずに教え続けてほしい」と言われた。元「慰安婦」の女性たちが被害にあった年頃と同じ中学生にこそ伝えていかなくてはと思いを新たに帰国した。待ち受けていたのは、筆者のアジア太平洋戦争に関する授業プリントが開示請求に基づき開示されたという事実だった。その後、筆者を攻撃し、開示請求をした在特会のメンバーたちが、徳島県教職員組合襲撃事件で逮捕されたことによって在特会からの攻撃はやんだが、市議会では保守系議員から近現代史の授業についての質問や批判が続いた。

二〇一三年の授業では、子どもの側から「慰安婦」の授業をしてほしいという声があがった。きっかけは定期テストに出題した時事問題だ。

同年五月一三日、橋下大阪市長・日本維新の会共同代表（当時）が「『慰安婦』制度が必要なのは誰でもわかる」「（米海兵隊に）風俗業を活用してほしい」[117]と発言し、人権侵害問題として国内のみならず世界からも抗議や批判の声が上がっていた。社会科の授業では、新聞記事などを使って時事的なことを子どもたちにつねに提示していたため、毎回、定期テストに時事問題を出題していた。

「橋下市長が五月一三日に行った発言が内外から批判をうけている。この発言はどういう歴史的な事柄について述べたものか」と出題したところ、「慰安婦」についてという答えが八七％あった。子どもたちのこの問題への関心の高さがわかる。しかし、子どもたちは「慰安婦」をめぐって多くの批判の声が上がっていることはわかっていても、「慰安婦」そのものについての知識は皆無だった。テストに出るかもしれない時事問題として、言葉だけを覚えていたのだ。そんな時に、担任をしていた男子から「橋下さんの発言で問題になってるけど、みんな慰安婦そのものをあんまり知らんから、教えてほしい」と言われた。繰り返される様々な圧力のなかで、「慰安婦」の授業にためらいを感じていた筆者の背中を彼の言葉が押す形になった。

授業では、イ・オクソンの証言[118]、慰安所の地図、河野談話、水曜デモと元「慰安婦」たちの要求を資料として使った。イ・オクソンは一五歳の時、働かされていた飲み屋から買い物に出たところを二人の男に捕まってトラックに乗せられた。同じ年頃の少女たちと日本軍の飛行場に連れて行かれたが、その後、慰安所に送られ「トミコ」という名前をつけられて、平日で一〇人くらい、休みの日は三〇人余りの相手をさせられた。彼女は隙をついて逃げようとしたが、日本兵に捕まり、ベルトをムチ代わりにして殴られ、ミミズ腫れができ、歯も折られた。ひどく殴られながら、「もう逃げないか?」と問いただされたが、気丈な彼女は「また逃げてやる」と言い返した。すると、日本兵は鞭をふるい続けた。それでも彼女は日本兵の言うとおりになるのはいやだと思ったと言う。

彼女が「慰安婦」にさせられていった過程を読み取りながら、「慰安婦」にさせられた女性たちの状況をつかむ。そして事実が判明するまでの日本政府の対応を説明したうえで、河野談話を読んだ。河野談話を全文紹介する意味は、何を認め、どんなことを反省し、何を約束しているのかという日本政府の認識を読み取るためだ。「意に反して」、「(軍の) 関与」、「要請」という語句が多用されていることに子どもたちは気づいていった。最後は歴史教育で伝えていくことを約束することで結ばれている。「慰安婦」にさせられた女性たちが連れて行かれた方法はさまざまだが、逃げることも拒否することもできない状況で、多くの兵士から蹂躙されていたことが、河野談話からも読み取れる。そして、水曜集会を紹介し、長い間自分の体験を話すことのなかった女性たちが話し始めたことについて意見を聞いた。女子からは「名乗ることは、とても恥ずかしかったと思う」が、「日本政府が慰安婦の人たちのことを日本の責任と認めなかった」「二度とこんなことが起きてほしくない」「自分の名誉を取り戻したい」から名乗り出たという意見が出てきた。一方、男子は照れくささから発言しにくい状況がある。そこが「慰安婦」の授業を教師側が躊躇する一因でもあるのだ。子どもたちの照れを誘わない覚悟が教える側には必要だ。堂々と性の問題を取り上げる。性の問題を考えるうえで中学生という時期が一番大切だからだ。だからこそ、子どもたちの思いを大切にしたい。好きな人ができてどきどきしたり、切なかったり、その人のことを大切にしたいという思い。そこから考えてほしいのだ。

筆者のクラスには「慰安婦の授業、まだ?」と言った男子がいた。その生徒が「橋下市長の発言をどう考えたらいいの?」と投げかけてきた。

「「慰安婦」ってどういう人たちなのかがわかっていなかった人たちも、今日の授業でわかったと思う。さて、橋下市長の発言についてみんなはどう思いますか」

逆に生徒に問い返してみた。

発言が出にくかったので、アメリカやイギリスでは休暇が兵士に与えられていたこと、それでも強姦を起こす兵士はいたけれど軍は厳罰に処していたこと、日本のように軍が管理するような「慰安所」は日本以外ではドイツにしかないこと、一九二〇年代にはすでに人身売買などは国際的にも禁止されており、日本で行われていた「身売り」は国際条約違反だったこと、などを紹介した。

当時、中国戦線で「慰安婦」を買ったという兵士の証言[119]を紹介すると、男子からは「兵隊はみんな慰安所に行ったのかな」という声が。「そんなとこに行きたくない」「あの当時なら行ったかも」。男子がぽつぽつとだが意見を言い始めた。そこで慰安所に行かなかった兵士もいることをある兵士の短歌[120]で紹介した。

「兵等みな　階級順に列をなす　浅ましきかな　慰安婦求め」
「慰安所に　足を向けざる兵もあり　虐殺拒みし　安堵にも似る」
「終身の　未決囚の如き兵等いま　慰安婦のいのち　踏み躙なり」

男子たちの顔に安堵の色が浮かぶのに気づいた。

「戦争だったから、仕方なかったと思う？」と問うと、「戦争中でも許されないことはある」と返ってきた。

授業をしていると、「慰安婦」問題は決して過去の問題ではないと実感する。解決していないからこそ、政治家たちから妄言のような否定発言が繰り返されているのだ。その意味では、「慰安婦」にさせられた女性たちの被害は現在進行形で今も続いていると言えるのではないだろうか。

二〇一五年一二月二八日、韓国と日本の外相会談後、「慰安婦」問題に関する日韓合意が電撃的に発表された。日韓合意において、両国政府は「最終的かつ不可逆的な解決」という言葉を使い、これで「慰安婦」問題の決着を図ろうとした。しかし、日韓合意が日本軍「慰安婦」問題の根本的な解決策になりえないのは明らかだ。被害者が置き去りにされていること、韓国だけの問題に「慰安婦」問題を矮小化していることなどがあげられる。しかし、日韓合意に一定の成果を見出し、歓迎した人々が少なくないことも事実だ。

二〇一六年の授業の直前の五月、沖縄県の女性（20）が元アメリカ海兵隊員によって暴行殺害される事件が起きた。軍隊がいる場所で起きた性暴力によって殺人にまで発展した事件は沖縄で数えきれない。どうして軍隊がいる場所で性暴力が起きるのか。「慰安婦」問題を考えるうえでこのことを投げかけようと考えた。

授業では、まず日韓合意が報道されている新聞の紙面をプリントにし、日韓合意で合意されたこと、安倍首相のお詫び、日本政府が認めていること、解決の方法、元「慰安婦」だった人々はどう感じているのかについて読み取っていった。次に、イ・オクソンの証言から「慰安婦」にされた女性たちの実態を知るとともに、軍隊がいる沖縄で起きてきた性暴力事件について『沖縄タイムス』の記事を紹介。河野談話と安倍首相のお詫びを比較。そのうえで、「戦争だったから仕方がなかったのか？」「もしも自分がその立場（「慰安婦」もしくは日本の兵士だったなら？」「本当に和解のためには何が必要か？」など、単なる漠然とした感想ではなく、自分でテーマを立てて書くように指導した。

生徒の多くが書いていたのは、日韓の合意に関して、「当事者が抜けている」ということだ。「本当に和解するためには、今の外相同士の和解では足りない。本当の意味の和解は慰安婦問題の真の被害者である元慰安婦の方々が納得いくような対応を日本がすることである」、「昨年の一二月の日本が韓国に行った謝罪は、政府と政府が勝手に和解しただけであって、これを本当の和解とは言わないと思います」と書いている。当事者、真の被害者である元「慰安婦」が置き去りにされていること、彼女たちに直接話を聞くこともせず、彼女たちの納得を抜きにしての和解はありえないという考えの生徒が多い。「今の外相同士の和解ではもちろん足りない。本当の意味の和解は慰安婦問題の真の被害者である元慰安婦の方々が納得いくような対応を日本がすることである」という言葉に表されている。

「和解」について何が必要かというその方法では、「日本の代表がこの出来事を認めてきちんと慰安婦の方々と話をすること」「後世に伝えること」「記念碑のようなものを建てること」「教育の中でこういった真実を教える必要」「未来の子どもたちにもこのことを伝え、日本人全員が一生忘れないようにするべきだ」「歴史上の出来事を教訓として、同じ過ちを決して繰り返さないという固い決意をアジアの国々や世界中の国々に表明しなければならない」と書いた生徒が少なくない。

謝罪の方法としては、「日本政府の代表が自ら慰安婦の方のところに会いに行き、そこで一人ひとりに謝罪し、このことについて話し合い、解決していくために何が必要かを慰安婦の人に聞き、解決していかなければ政府だけの合意で終わり、慰安婦の方は納得のいかない終わり方になる」と、国同士ではなく、一人ひとりへの謝罪と元「慰安婦」たちが望んでいることを実現していく必要を考えている。

一方、日本の姿勢に関して、そもそも和解はできるのかと疑問をもつ意見もある。この授業からさまざまな関心を広げた生徒もいる。沖縄での女性暴行殺害事件を受けて、「日本でも沖縄で性暴力の被害を受けている人がたくさんいるので、戦争の和解も含め、こういった事件が起きないように解決すべきだと思った」「もし日本がまた戦争を起こしたら、ほんとに慰安婦問題が起きないのか。言葉で言うなら誰でもできるけど、このままだと同じことが起こるような気がする」というように、同じことが繰り返される可能性への不安や、この問題を政府レベルの問題ではなく、「次の世代である自分たちがこのような問題に対して真剣に取り組まなければならない」と日本国民全体で考えるべき問題ととらえた生徒、「和解」とは、国と国ではなく、人と人だというとらえ方、特に被害を受けた一人ひとりこそが大切と考えた生徒もいる。

日韓合意によって何が解決したのかという問いが生徒たちのなかに新たに生まれ、疑問をもち続けるものになったのではないか。

5　植民地支配から見る「慰安婦」授業

一九九一年の金学順の告白は多くの人々にそれまであまり知られてこなかった戦争による性暴力の悲惨さを目の当たりにさせた。そしてその話を聞いた多くの人々が同情と共感の思いをもった。ところが今はどうだろう。「うそつき」「金をもらっていた」「強制じゃない」という言説がネット上や現実でもあたりまえのように飛び交う。日本の政府がこの問題を否定的に扱い、歴史修正主義者が煽ったことは大きい。

しかし、植民地支配というものについて戦後日本国内で考えてこなかったことも大きな原因ではないだろうか。中国やアジア諸地域への戦争責任として、侵略の問題などについてはずいぶん調査や研究も進み、その事実を否定しきれない日本政府だが、朝鮮半島の植民地問題となると、相変わらず植民地支配を正当化し、支配することで朝鮮を発展させたという植民地進化論が跋扈している。「慰安婦」として朝鮮半島各地から戦場へ連れて行かれた少女たちの背景には植民地支配がある。そこを見つめることなしに、「慰安婦」の問題も徴用工問題も理解することはできないだろう。これまでアジア太平洋戦争における戦争責任のなかで、中国における南京大虐殺や七三一部隊などと同じように、朝鮮における「慰安婦」問題や強制連行が取り上げられてきた。しかし、そもそも侵略された中国と植民地だった朝鮮半島とを同じ戦争責任という括りでとらえられるとは考えられない。

近年、提起されてきたのが、植民地支配責任[121]という概念である。「慰安婦」の連行のされ方は、植民地にされた朝鮮と侵略地の中国やフィリピン、インドネシアなどとは違う。朝鮮半島の「慰安婦」の多くは、人さらいのように連行された例よりも、「いい金になる」「親孝行できる」などという甘言によって騙されて連れていかれたほうが圧倒的に多い。それは植民地支配下だったからこそ起きた犯罪と言えよう。「徴用工問題と日本軍「慰安婦」問題は、植民地支配責任と戦争責任の重なる部分に位置します。これらが、〝戦争動員の一環である（＝戦争責任）〟ことは言うまでもないのですが、〝内地でも占領地でもなく、植民地だからこそ動員が可能であった（＝植民地支配責任）〟ということが見えてきます。例えば、朝鮮人の日本軍「慰安婦」に二一歳未満の人が多かったのは、植民地に国際法の抜け穴が用意されていたからですし、新たな占領地では朝鮮ほどの体系的な動員は不可能でした。」[122]と板垣竜太は指摘する。そして、欠落した植民地支配責任がそのまま放置され、それが日韓基本条約や日韓請求権協定でも欠落したままになったことが、現在の状況を生んでいると言えよう。植民地支配の実態とは何なのかを取り扱うことなしに、現在における徴用工や「慰安婦」問題の実相を読み取ることはできない。

二〇二〇年に行った「慰安婦」の授業は、「慰安婦」だけに特化させるのではなく、植民地支配はどういうものだったのか、その中で朝鮮の市民はどのような状況にさらされていったのか、そして、アジア太平洋戦争の中で植民地の人間がどのように戦争に動員させられていったのか、戦後植民地において支配されて被害を受けた人々への責任を日本はどう認識し、補償してきたのかを考えるなかで、徴用工や「慰安婦」問題の授業を構成しようと試みた。

中学校における歴史学習は通史学習のため、植民地支配の問題だけを取り上げて扱うことは難しい。そこで、植民地支配を様々な単元で取り上げる工夫をした。

まず、韓国併合と三・一独立運動を各一時間配当で行った。韓国併合では韓国併合に至る経緯と土地調査事業による朝鮮農民の土地取り上げ、貧困によって日本・満州への移住を余儀なくされた朝鮮の人々を扱い、三・一独立運動では運動の背景として同化政策によって朝鮮人の誇りを奪っていったこと、日本人とされながらも日本人からは蔑視の目で見られ、大日本帝国憲法をはじめとする日本の法律が適用されていなかったことを取り上げ、ユ・ガンスンの活動から三・一独立運動を紹介し、厳しい弾圧と、その後も日本の敗戦に至るまで各地で独立運動が続いたことなどを取り上げた。

アジア太平洋戦争では、植民地と占領地として一時間取り、強制動員や強制労働を取り上げ、徴用工や「慰安婦」を紹介した。しかし、ここでは連合軍捕虜などの強制労働も取り上げたため、徴用工や「慰安婦」の実態までは詳しくは踏み込まなかった。

そして、戦後の日韓基本条約のところで二時間をとって授業を構成した。一時間目は日韓基本条約、日韓請求権協定の内容と日韓の主張の違いを知り、徴用工や韓国人BC級戦犯の問題を扱い、二時間目に具体的に「慰安婦」にされたカン・ドッキョン[123]の生涯から「慰安婦」について考え、最後に感想を書くという形で行った。この二時間の授業について紹介する。

一時間目の始まりは、一九五二年から始まった日韓会談から一九六五年に日韓基本条約締結まで一三年もかかったのはなぜかを考えた。極東国際軍事裁判においても植民地への加害責任は問われず、サンフランシスコ講和会議においても大韓民国と朝鮮民主主義人民共和国は参加できなかったことを説明。一九九七年度版教育出版の教科書に紹介された、日韓会談での日本側首席代表の久保田貫一郎外務省参与の「例えば禿山が緑の山に変った。鉄道が敷かれた。港湾が築かれた。又米田……米を作る米田が非常に殖えた」など「よかった面」もあったという発言[124]や、その発言に韓国側が反発したことを紹介し、この発言の問題点について考えた。

中学生段階ではなかなか難解な内容だが、日韓双方の韓国併合条約のとらえ方の違い、韓国政府は植民地支配の賠償を求めていたが、日本政府が一貫して韓国への植民地支配責任を認めていないために賠償という名前を使おうとしなかったこと、最終的に経済協力のみで賠償はなく、請求権は相互に放棄するという内容の条約が結ばれてしまったことを説明した。これは今なお続く日韓の対立の原因を理解させるための講義的なものになった。

被害を受けた個人が相手国や企業に請求する権利（個人請求権）までが消滅したわけでないと日韓がともに理解していたにもかかわらず、日本政府側は個人請求権の行使そのものを否定するようになったことを説明し、最後は具体的に日本人軍属として刑罰を受けたにもかかわらず戦後は補償されていないイ・ハンネ[125)]や徴用工たちの実態を紹介し、一時間目を終えた。戦後の補償が植民地の人々にされていない実態について初めて知った生徒も多く、日本が戦後七〇年以上たっても被害者への謝罪も賠償も行っていないことへの驚きをもった生徒も少なくなかった。

二時間目は石川逸子の「少女3」[126)]の朗読から入った。同じ時期に国語の授業で島崎藤村の「初恋」を学んでいた生徒たちは、思春期の切なさを歌った藤村の詩とはあまりにも違い過ぎる一五歳の少女の体験に静まり返った。カン・ドッキョンの生涯を追いながら、「金が稼げる　勉強も教えてもらえる」と先生から言われて応じてしまった理由の背景がどこに起因するのかを、植民地化における朝鮮の人々の生活から考えていった。勉強したくてもできない状況や、親を少しでも楽にさせたいという思いの中で挺身隊を志願したことがわかる。カン・ドッキョンの場合は当初から「慰安婦」にされたのではなく、最初は挺身隊として日本に連れて行かれ、過酷な労働とひもじさに耐えかねて逃げて捕まった末に慰安所に連れて行かれた。

彼女が連れて行かれた慰安所は長野県の松代だった。戦地だけでなく日本にもあったことを地図や写真[127]をパワーポイントで写し、日本軍が侵略し、駐屯するところのほとんどに慰安所があったことを確認した。そして、「慰安婦」にも日本人、朝鮮人、中国人で等級があり、利用料金に差がつけられていたこと、幼い性体験のない少女が多く連れて行かれたことを民族差別や性病の問題と関連させて説明したあと、だれが、どこが、慰安所を作ったのか、利用した兵士たちはどんな状況だったのか、なぜカン・ドッキョンは戦後になって告白し、「どこへでも行って証言する」と言っているのかを考えさせた。

最後にフランスやイギリス、アメリカなど諸外国の戦後補償や植民地問題との向き合い方、ダーバン宣言、ユダヤ人などに対する戦争犯罪の問題をモニュメントにして残すドイツの取り組みを紹介し、ワイツゼッカーの「後になって過去を変えたり、起こらなかったことにするわけにはまいりません。しかし過去に目を閉ざす者は結局のところ現在にも盲目となります。非人間的な行為を心に刻もうとしない者は、またそうした危険に陥りやすいのです。」[128]という言葉を紹介して終わった。

生徒には自分で焦点を絞って感想を書くように指示した。生徒の感想を紹介する（傍点は筆者）。生徒の多くは、未解決の問題は植民地支配に起因しているという認識をもったうえで感想を書いている。いくつかを取り出して分析してみたい。

1．日本が植民地化することでいいこともあったと思う。でも、日本が韓国にあたえた被害はそれ以上に大きかった。多くの朝鮮人を死なせ、過酷な労働をさせた。日本は反省して韓国に謝罪すべきだ。

2．日本が植民地支配について悪いことだったと反省していないことは非常に問題だ。「もし自分たちも支配をうけたら……」と想像したら、恐怖を感じてしまうのは私だけではないはずだ。植民地支配したことはどれだけ謝っても許してもらえはしない。でも日本政府はプライドを捨て、国民を代表してできる限りの最高の償いをすべきだ。

3．日本は韓国支配を有益だったと言う。確かに植民地化で経済成長したかもしれないが、その過程には労働を強いられた人々や精神的に追い詰められたたくさんの韓国人がいたのは事実だ。韓国の国民が望んでいた政策だったかどうかというところが重要だと思う。

4．植民地をつくることで日本に利益があったかもしれないけれど、その方法での利益の得方は間違っていたんじゃないかと思う。不利な条件での強制労働、慰安婦のような性暴力など数えきれないほどの方々が被害にあっていたにもかかわらず、なかなか植民地支配を認めていなかったことに衝撃を受けた。植民地支配を受けた方には無条件で保障するべきだ。そしてこのことは絶対忘れてはならない。

1から4の中には、植民地支配で朝鮮半島が成長し、日本にとっても有益だったという考えに立つものもある。そこに朝鮮半島の人々の主体性があったのか、植民地支配下で起きた問題を反省していない日本政府は今からでも謝罪と補償をすべきという考えを書いている。

5. 日本が植民地支配したのを「朝鮮の発展のため」と言ったという事実を知って、日本が責任から逃れているだけだと思った。朝鮮のことを戦争において利用したかっただけなのに、朝鮮に対してよいことだったということが日本の恥だと思う。日本は朝鮮への植民地支配において責任を負うべきだし、独立祝い金として手渡したお金を韓国への賠償金として渡すべきだった。日本は解決したと勘違いしているが、韓国が本当に解決したと感じるまでは、本当の解決とは言えないし、日韓関係はよくならない。

6. 日本の植民地支配は、発展するために支配下にあった人々を人間としてではなく、都合のいい歯車として考えていたのではないかと思う。

7. 植民地支配自体が問題なのではなく、朝鮮人を見下し、ひどい扱いをしていたところが問題だと思う。植民地支配してからの関係を日本は反省すべきだ。今も朝鮮の人々を差別するような言動はやめるべきだ。

8. 日本の植民地支配はやはり悪いと思います。戦後補償は足りません。被害者たちはお金で買えないものをたくさんなくしました。どうやっても取り戻せません。でも、政府は今できる限りの補償をすべきと思う。

9. 戦争によって朝鮮半島に住んでいた女性や子どもが人生を狂わされました。そんな被害者に対して個人的な補償を行い、国に対してではなく被害者や被害者家族への謝罪をし、植民地支配をしていた国との良好な関係を築くべきです。

10. 日本が行った植民地支配は朝鮮の人々にとってすごくつらくて残酷なものだったと思います。一つ目は、強制的に朝鮮の少女や少年を日本に連れて行き、過酷な労働をさせたり、連れて行かれる場所も言われず無理やり連れて行かれたからです。二つ目は植民地にされたことによって土地を奪われたり、住む家を取られ、自国をぐちゃぐちゃに壊されたからです。その当時の日本人はどんな気持ちでそんなことをしたのか気になります

11. 日本が朝鮮人にしてきたことを日本は認めたくないこともあると思うが、朝鮮の人たちが納得していないなら、きちんと謝るべきだと思う。他国の戦後補償と比べても、日本がまったく足りていないし、やっていることも比べ物にならないと思った。

12. 日本は植民地支配についてきちんと謝罪と償いをするべきだ。戦時は植民地の人々を無理やり日本人にしようとしていたのに、戦争が終わった途端、手のひらを返し日本人ではないと補償をしないことはあまりにも自分勝手な行動だ。過去の過ちを認め、他国との関係を深めることにより、これからの戦争の抑止にもつながり、そのような悲劇が起きることも防げると思う。

13. 日韓会談で日本が「相手国に利益を与えたではないか」という言い訳は、一種の言い逃れをしているように思えた。自分たちのやったことは誤りだったと言うことは決して恥ずかしいことではないし、むしろ正しいものであると思う。これは当たり前のこと。謝ることなんて小さい子どもでもできる。また戦後補償の点でも日本はおくれをとっている。日本

はそれなりの補償をすべきだ。私は日本が嫌いなわけではありません。ただ、日本が自国がしてきたことを認め、和解につなげることが今後の日本そして外交へとつながるのではないでしょうか。

5から13は植民地支配そのものをやるべきではなかったと考えている。朝鮮の人々を見下し、日本の利益しか考えていなかった、朝鮮で被害を受けた人に言及し、朝鮮への差別感や偏見は今も続いていると書く生徒もいる。

日本政府が責任を認めてこなかったことの問題を問い、まだ補償されていない個人への補償をすべきと、個人補償が必要と書いている。

14. 戦争中に性暴力があったことに驚いた。慰安婦の人たちはだまされて抵抗もできずひどいことをされたから絶対に許せないと思う。日本政府は忘れずに、絶対に許されないことを自覚すべきだ。

15. カン・ドッキョンさんは先生に言われて日本の工場に行き、逃げ、軍人につかまり慰安婦として扱われ一五歳のとき何もかも滅茶苦茶にされた。日本政府は彼女のような人々に個人補償を認めるべきだと思う、なぜなら、カン・ドッキョンさんはそのことをきっかけに汚されたと感じ、独身だったからだ。このように恋人を作らず、生きることにした女性も多いのではないだろうか。この出来事をきっかけに人生が変わってしまった、人生を棒に振った女性たちはたくさんいる。一刻も早く名誉回復してほしい。

16. 日本政府は戦時下で慰安婦にした女性に謝罪すべきであり、二度とこんなことが行われないために歴史として残さなければならない。自分を人として認めてもらえなかった人々の立場になってみると、とても悲しく、心の傷として一生残っていると思う。解決のために、医療の補償、教科書に載せる、被害者の子孫にも賠償をするなどいろいろと考えたい。

17. 慰安婦の人たちの話を聞いてとても複雑な気持ちになった。食べ物が不足するなか、私たちと同じ年齢の女の子がしたくもない労働をさせられ、天皇のためだなどと言葉を言われたりして。とても反抗できるような状況ではなく、想像できないくらい本当につらかったと思う。忘れないようにしなければと感じた。

18. イ・ハンネ、徴用工、慰安婦に共通することは「強制的」に仕事をさせられ、日本の軍人に暴力を何度も受けていたことだ。とても悲しくなった。なぜ朝鮮人だけが……。なぜ何もしていないのに暴行を受けていたのか。そんな思いが浮かんだ。加えて、朝鮮人たちには何も補償がされていないことは事実だ。二度とこういうことが繰り返されないように、日本政府が被害者に正式な謝罪をすることから始めるべきだと思う。

19. 僕は慰安婦について、人権の無視だと思う。戦時中の日本軍や軍人は若い女性をもてあそんで、非人道的なことをしてきた。二度と起きないようにしていかなければならない。

20. 日本人として裁かれたイ・ハンネさんのことを聞いて、日本は戦争で被害にあった朝鮮人にもっと謝罪や補償をするべきだと思う。日本の上等兵の指示に従わないと暴力を振るわれ日本人としてふるまえと言われ、刑を受けるときも日本人として責任を追及させられたにもかかわらず、その後は援護がないのは日本は明らかに責任放棄だと思う。日本は間違いを認め、朝鮮人に謝罪をしてほしい。

21. 今回の日本による被害者に共通していることは、自分の意思を聞いてもらえず、何が起きるかわからない状況に置かれたという点です。何も知らずに韓国から日本に運ばれて気づいたらまったく知らない場所にいるなんて、私がもし同じ立場ならつらくて耐えられなと思う。日本はこの被害にあった人たちの気持ちを考え、謝罪し、補償をした方がいいと思います。それをすることが戦争の歴史が平和に変わる第一歩だと思います。

22. 日本政府は植民地支配を認め、日本に連れてこられた人々にも補償を行うべきだ。そしてその遺族にも年金を支払うべきだ。強姦を防止するためと言いながら、成人になっていない少女をレイプするのはひどすぎる。植民地支配で被害にあった人々に補償してこそ日本の終戦になるのだと思う。

23. 被害をうけた人々のつらい思い出や傷ついた心は一生続いていくものだから、日本は同じことを繰り返さないために責任を認めて、補償をしなければならない、日本人だけでなくこの戦争に関わったすべての人を対象とすべきだ。戦争学習と聞いたら、戦場での被害や空襲を考える人が多いが、植民地で生活が苦しく心も体も傷ついた人がいることを覚えておきたい。

24. 日本は植民地への補償についてもっと積極的になるべきだ。それは、今なお過去からくる精神的苦痛を抱えて苦しんでいる人がいるからです。カン・ドッキョンさんのように慰安婦にされた人たちは、結婚するのをためらったり、いまだに孤独な人たちだと思います。そんな人たちをほっておくようなことは決して許されないと思います。だからこそ、私たち日本人、そして日本政府にはその責任を背負って生きていく、積極的に取り組むべきだと思います。

25. 慰安婦に関して、ニュースで言葉を聞いたことがあるだけだったので、今回知ることができた。戦時中のことなので労働をさせられていた女性のことかと思っていたら、軍人が満足したいためだけに集められた女性たちだと知り、驚いた。日韓の間の知らなかったことをもっと知りたいと思った。

26. 慰安婦の問題はニュースで前に見かけて、言葉は知っていたけど、今回の授業で深く知ることができた。初めて内容を聞いて、こんな残酷なことをされていたんだと思うと心が痛みます。たった一五歳で日本人に人生をつぶされたと言っていた通り、どこかであのことを思い出すと、一人苦しんでいたと思います。

27. カン・ドッキョンさんは私と同じくらいの年齢で工場で働かされ逃げようとして捕まり、とてもつらい思いをしたと思います。大変な人生を送ったと思います。私が。カン・ドッキョンさんみたいな人生を送るのなら、生きている感じはしないと思います。

28. みんな同じ人間なのに、若い時に戦地などに連れていかれ性行為をさせられ、心も体も傷つけられ、人生をぼろぼろにされた。その過ちを犯さないためにも語り継いでいかなければならないと私は思います。今、日韓関係でよく問題になっている慰安婦は、日本人に何をされたか知らなかったのですが、今回の授業で深く知ることができてよかった。

29. 自分と同じくらいの年の人が騙されて知らない土地に連れていかれて性暴力を受けていたことを知って、自分なら耐えられないと思いました。今も世界でそんなことが起きているなら、やめてほしいと思います。慰安婦にされた方々がそれでも生きて、話そうとしたことは素晴らしいことだと思います。

30. 戦争をおこなう上で慰安婦または慰安所は本当に必要だったのか？　軍人のストレス発散のためにわずか一五歳の少女までも使われたことが許せません。私たちと同じくらいの年ですが、もし自分だったらと考えると恐怖でしかないです。ほかに軍人のストレスを発散できる方法はなかったのか？　私は軍人に家族や友人と会える時間があれば、このようなことは起こらなかったと思います。この慰安婦問題を忘れることなく、同じ過ちを繰り返さないようにしていくことが、私たちの未来の平和につながると思います。

14から30は被害を受けたイ・ハンネやカン・ドッキョンについて具体的に言及したものである。そこに生きた人間の生き方（生きざま）を示すことによって、子どもたちが心を揺さぶられている様子がわかる。被害者らの負った心身の傷の深さを感じ、そのことへの謝罪や賠償を日本政府がするのはあたりまえのこととしてとらえ、その責任をいまだに果たしていない日本政府への憤りを表しているものや、この責任を果たして初めて戦争が終わると書くものもある。また、これらの被害はいずれも被害者が自ら選んだ行為ではなく、「強制」によってもたらされたものであると認識している。そして、こういった被害を二度と繰り返さないためにもこの被害を忘れないこと、覚えておくことと書いているものも少なくない。そのうえで、この授業を通して、初めて知った「慰安婦」問題を、知ることができてよかった、もっと知りたい、と書く生徒もいる。

31. 日本が行った植民地支配を私たちが知り、今後そんなことがないように考えることが重要だと思う。近現代史は負の歴史が多いのは事実だし、長い歴史の中では最近のことなので私たちの今後を考えるのにふさわしいところだと思う。これから学ぶ歴史や公民の授業でもただ学ぶだけにとどめないようにしたいと思う。

32. 日本が植民地支配していた事実は変わらないし、賠償金を支払う、国として謝罪する。それだけで傷ついてしまった人の心は治らないと思う。ただ、多くの問題を国の間に抱えたままでは友好関係は作れない。一人ひとりに寄り添っていくことは不可能かもしれないけど、立ち上がって声を上げている人たちに対してもっと耳を傾けて、その人たちの意見を国として取り入れることが被害者の望んでいることなんじゃないのかと思った。私たちは被害を受けた方たちに何ができるわけじゃないけど、こうやって授業を通して学んだりしてきた過去の出来事を知ることが大切だと思った。

33. 私が慰安婦の人たちについての話を聞いて思ったことは、このことをもっと多くの人たちが知るべきだということです。私はこの授業を受けるまで慰安婦という人たちがいたことを知りませんでした。思い出したくない壮絶な過去を背負った女性たちが勇気を出して告白していることを知らないまま、時が過ぎてしまったら、そのことを話せる女性たちがいなくなってしまい、告白した意味がなくなってしまいます。だから、この事実をもっと多くの人の耳に入るようにして、この重大な事実を受け止めていくべきだと思いました。また、このことを知るのはおとなだけでなく被害にあった年齢と近い私たち学生も知る必要があると思いました。そしてこれからどうしていくべきか考える必要があると思う。

34. 日本と韓国、そして中立に立つ国で一度対等な関係で話し合う必要があると思う。日韓基本条約でアメリカの思惑でうやむやのままに終わった問題をアメリカではない他の国を日本と韓国の間においては話し、両国の食い違いを解消してこの問題を完全に解決しなければ、互いの国がいがみ合うだけだ。

35. 植民地支配のもとで田畑を奪われ、日本人より悪い状況で働くことしかできなかった人々がたくさんいて、その結果「お金になる」などといった言葉にだまされ、意思に反して動員されたこと。被害にあった人が生きている間に、早く話し合ってほしいし、「こんなことがあった」と世の中に知らせ、多くの人が考えることが大切と思った。

36. ドイツのように日本も首都にモニュメントを立てたり、被害者個人に謝罪と賠償をするべきだ。

31から36は解決のために何が必要かということを述べたものである。まずは、自分たちが授業をとおしてこれから学んでいくこと、また過去にあった事実を多くの人が知るべきであると書いている。そのうえで、日韓の話し合いを行うことや過去の日本の過ちを記憶にとどめるモニュメントを日本国内に作ることなどを提言している。

すべてを紹介しきれないが、学年の一三〇名が出した感想の半数は植民地支配に言及した。植民地支配の中で「慰安婦」をはじめとする被害が起きたという認識に立ち、植民地支配に関して日本に大きな責任があると考えるところから、個人への賠償の実現を望む感想がほとんどであった。

植民地にされてからの朝鮮人の貧困や、戦争中に日本に協力を余儀なくさせられていった実態をとらえ、「慰安婦」にされたカン・ドッキョン、徴用工、イ・ハンネのそれぞれの体験に具体的に言及し、責任を問う感想も多くある。被害者に寄り添う感想や「自分だったなら」と当事者性をもって考えるもの、「自分と変わらない年なのにかわいそう、どうして」「悲しすぎる、なぜこんなことが起きたのか」「どれほどつらかっただろうか」といった共感共苦の思いを寄せ、そこからなぜこんなことが起きてしまったのかと植民地支配や戦争の問題にさかのぼって考えるものもあった。

「慰安婦」にされたカン・ドッキョンの詩を朗読したときは教室が静寂に包まれた。自分とほとんど同じ年齢の少女が、植民地化の貧しさから工場に働きに行き、そこでのあまりにひどい労働状況から必死で逃げた後に待っていたものは、想像を絶する性暴力だった。時代が違うだけで国が違うだけでどうしてここまでひどい状況に置かれなければならないのかということを考えるうえで、この詩が大きな意味をもった。当時の「慰安婦」や徴用工、軍属にさせられた人の具体的な体験を知ることで、生徒自身がその体験の中に自分を置き、自らのこととして考えたと言える。

安井俊夫は共感の主体性に関して、ハンナ・アーレントの「コンパッション（「共感共苦」と訳されている）」という言葉を借りて、「コンパッションとは「ともに苦悩する能力」とされているが、この定義からみれば、戦争の残虐性の事実は「共感」をもとにしてというよりは、「共感共苦」によって自ら関わるという方が適切だとも言える。他者の苦悩をより自己の側に引き付けるもので、状況への関わり、能動性は「共感」より強いものを感じる」[129]と述べている。その意味で、今回、授業を受けた生徒たちの中に芽生えた自ら関わるという主体性こそが、歴史事実に関しての問いを導き出すものとなり、そこから二度とそういった被害（加害）を生み出さないためにはどうしたらいいのか、起きてしまった被害（加害）についてどう解決していけばいいのかを考える力を生みだすきっかけになったのではないかと考える。

一方、ごく数名とはいうものの、「慰安婦問題を外交カードとして利用する韓国にも非がある。毅然とした態度を韓国にとるべき」「日本の植民地支配は今の視点からは悪だが、当時は、やらなければやられる世界だった。日韓請求権協定により完全に解決されたもので、現在の問題は韓国内で解決すべきだ」「日本が悪いことをしていないとは思わないが日本だけが悪いことをしているとも思わない」といった、昨今の報道や日本の加害の問題を矮小化するようなネット情報などからの情報を得て書いているような感想も見受けられた。子どもたちが書く感想の背景には、その授業だけでなく、子どもたちの置かれている状況なども含めて考える必要がある。この問題に関しては、別途の臨床的な分析が必要になってくるが、ここでは置いておきたい。

植民地支配の責任を考えた生徒たちは、植民地支配という当時の行為を問題にしながらも、その責任の果たし方の一つとして自分たちに引きつけ、「過去の出来事を自分たちをはじめ日本人が知ることが大切」「私たち学生も知る必要があると思いました。そしてこれからどうしていくべきか考える必要があると思う」「世の中に知らせ、多くの人が考えることが大切」「この慰安婦問題を忘れることなく、同じ過ちを繰り返さないようにしていくことが、私たちの未来の平和につながる」などと書いている。また、歴史を否定する声やヘイトスピーチなどに触れ、朝鮮の人々への差別について現代的に考えるものもある。過去に起きた事実を知ることは未来への展望を示すことにつながると改めて実感する。

6 「慰安婦」問題を学ぶ意味

近現代史の授業の中で、戦争学習の占める割合は大きい。子どもたちにとっては楽しい授業とは言えないが、戦争について学ぶことは意味のあることだ。しかし、戦争について学んだからといって、それだけで戦争の本質を見抜き、歴史を担い歴史をつくる主体性をもつことにはならない。もし歴史を教える教師が自身の授業でそういった生徒を育てようとするならば不遜のそしりは免れない。歴史を担い歴史をつくる主体性をもつようになるには、中学校のあとに続く高校や大学での教育活動全体のかかわりや、社会に出てからの生活の中で鍛えられていく過程が必要ではないだろうか。歴史学習の狙いは、「戦争はしてはならない」「平和をめざす社会を創りたい」という言葉を子どもから引き出したり、平和を志向する姿勢をつくることではない。遠山茂樹は『歴史学から歴史教育へ』[130]のなかで次のように指摘している。

「日清・日露戦争の学習で、戦闘場面に子どもは目を輝かす。そこで教師は、何とかその「戦争好き」をなくし、反戦平和の信念をもつ姿勢を作らなければならぬと苦心する。しかしこの学習の直接のねらいは、平和の尊さを信じ込む子どもを作ることにはない。この戦争の原因、性格、結果についての科学的認識をえさせることにある。この知識があってはじめて日清・日露戦争と第一次世界大戦、第一次世界大戦と第二次世界大戦との間に、戦争の原因、性格と規模、その結果のちがいがおさえられるし、またそれと不可分にむすびついて、平和勢力の性格と力量のちがいが出てくることを知ることができるのである。これが平和教育の一環としての歴史教育の教科独自の目標であって、平和のお説教を信じさせることにあるのではない。この戦争の知的認識こそ、子どもが社会に出た暁、平和を守る上での大切な武器となるのである。国際関係では複雑に国家的利害が対立する。それだけにこれに処するには国民が強靭な理性をもたなければならぬ。戦争をにくみ、平和を愛するという決意をした子どもの感想は、教師にとってはありがたい。しかしこの信念が、どれだけ戦争と平和にたいする理性的認識に裏づけられているかどうかが、歴史教育の勝負どころなのである。」

遠山の言う「戦争の理性的認識」を授業のなかで子どもたちがどれほどもてるようになるかは教師にかかっている。

今、戦争中や植民地下における加害を否定しようとする状況は、歴史修正主義者たちが教科書を批判し始めた一九九〇年代後半よりも激しくなっている。特に「慰安婦」問題に関しては、日韓両国でその事実を否定する言説が強まっているのだ。

二〇一九年に韓国で出版された『反日種族主義』[131]（李栄薫）が韓国国内で一〇万部を突破し、日本でも文芸春秋社から翻訳出版されて二〇万部を超えるベストセラーになった。『正論』をはじめとする右派系の雑誌などにも「反日種族主義」の言葉が使われ、社会現象のようになっている。「反日種族主義」の中で、著者は日本軍「慰安婦」について、「公娼制の合法的枠組みの中で自ら営業し「自由廃業できる」稼げる商売をしていた売春婦だったのであり性奴隷ではなかった。」と主張する。[132]この本が日韓両国でこれほど読まれているところに、現在の日韓をめぐる歴史認識の深刻さが浮かび上がっている。「戦争と平和に対する理性的認識」が著しく欠落し、他者の痛みに関してまったく共感も抱けないような社会的状況と言えるのではないだろうか。

二〇一八年一〇月三〇日の徴用工の韓国大法院判決以後、日本政府の主張だけを報道し、韓国に一方的に非があるような言説がメディアを席巻した。そういった言説を信じる大人も増え、保護者から影響を受ける生徒もいる。競争や自己責任という言葉が跋扈し、コロナ禍のなかで本当に救われるべき弱者が放置され、人々が分断されようとするなかで、このような風潮はますます強まってくるのではないだろうか。

コロナ禍によって一段と加速するＧＩＧＡスクール構想[133]によって、小中高等学校の生徒たちが一人一台タブレットを持ち、それを利用した教育システムが進められようとしている。タブレットで戦争における「慰安婦」問題など加害の事象を子どもたちが調べると、検索の上位に並ぶのはほとんど歴史事実とは反する歴史修正主義的な言説やヘイトスピーチと見まがうような内容である。だからこそ、子どもたちに理性的認識をもつことができるような歴史学研究の到達点に立った授業実践が必要なのだ。

しかし、未来への展望もある。最近、韓国のドラマやエンターテイメントが好きで、ハングルを独学する生徒もいる。大阪市生野区の「コリアタウン」も、週末ともなるとアイドルグッズや韓国コスメを求め、韓国料理を楽しもうとやってくる人たちでにぎわう。

「自分たちはこんなに韓国のアイドルや文化が好きなのになぜ韓国人は日本人が嫌いなのか」「なぜ日本のテレビでは韓国のことを悪く言うのか」。このような疑問をぶつけてくる生徒もいる。一方で、ネット情報から日本は解決済みと言っているのに、韓国が蒸し返していると思っている生徒もいることは確かだ。

植民地支配についての授業を行った後も、「文化交流でもっと仲良くなれるはず」と生徒は言う。そんな生徒たちに、「多くの人が関心をもっている韓国と、日本の間に過去にあったことを知ることで、きっとお互いの理解が進むはず。みんなが好きなＢＴＳもそのおばあちゃんやおじいちゃんをたどれば、日本の植民地支配下で生きてきた人たちです。そういう歴史を知ることで韓国に住む人たちのことを理解し、文化交流ももっと深まっていくはず」と言いながら、授業をするようにしている。

しかし、過去の問題であるのに、今の自分たちが責任を問われているととらえる感情もある。そういう考え方に対して、加藤圭木は「日本人に問われているのは、侵略戦争や植民地支配の直接的な罪ではありません。そうした行為を引き起こし、現在も加害を続ける日本政府・社会を変えていく責任です。」[134]と述べている。「歴史なんて関係ない、未来志向が大切」という言葉は、都合の悪いことを知りたくない言い訳でしかない」「知らなければ」「もっと知りたい」と書いた生徒がいた。知らないこと、知ろうとしないことが、偏見を生み、誤った言質にとらわれていく。

韓国のソウルには「戦争と女性の人権博物館」がある。日本軍「慰安婦」被害者が経験した歴史を記憶・教育し、解決するために活動する空間として二〇一二年に建てられたものだ。連日、たくさんの若者たちが見学に来るという。韓国の若者の祖父母や曽祖父母は植民地下で大きな被害を受けてきた人々だ。加害者は、忘れよう、水に流そうと言えても、被害者はそうではない。被害を受けてきた人々に想像力を働かせられるかどうかが大切なのではないだろうか。自分たちが好きなアイドルの背景にあるものを見つめることは、互いを理解し合うことに役立ちこそすれ、相互理解を深める障害にはならないだろう。

二〇一七年にアメリカから沸き起こった〝#Me Too〟運動[135]は韓国で大きく広がっている。韓国の女性たちが置かれた状況を克明に綴った『八二年生まれ、キム・ジヨン』はベストセラーになり、映画化され、セクハラやパワハラに対する目は厳しくなった。その根っこに金学順の告白があると考える。日本も女性の地位の低さ（二〇一九年ジェンダーギャップ指数、日本は一二一位（前年一一〇位）、韓国は一〇八位（前年は一一五位））では韓国と共通するものがある。『八二年生まれ、キム・ジヨン』は日本でも大きな反響を呼び起こし、映画化もされている。女性への性暴力について学び、女性の地位の問題を考えていくことで、日韓で互いに連帯が生まれてくる下地は十分あるのだ。「慰安婦」問題を学ぶことは、現代的な課題にも直接結びつくことと言えるだろう。

キボタネ（希望のたね基金）という取り組みが二〇一六年に日本で始まった。「慰安婦」問題について学び、性暴力のない社会を作るための基金だ。ここでは、若者たちが「慰安婦」問題を知り、学び、交流する機会を作っている。大学生や社会人などたくさんの若者が参加し、韓国平和ツアーや自分たちで若者たちに呼びかける資料作りなどに取り組んでいる。そのメンバーの阿部あやなと話をする機会があった。彼女はどうしたら「慰安婦」のことについてもっと自分と同じような若者に知ってもらえるだろうかと考えている。そのために、だれもがみんなで考えたりしながら「慰安婦」問題の歴史や現状を学べるグッズを作成している。ツイッターで広まった「#好きです韓国」というハッシュタグに疑問をもった彼女は、民間交流は大切だとしながらも、「もっと重要なのは、「政治的、歴史的には問題があるけれど、好きだから関係ない」とだけ主張するのではなく、大日本帝国時代の植民地支配の歴史、加えて現代まで続く、日本社会の暴力的な排外主義・差別主義の問題に向き合うこと。韓国の人々に「好き」と語りかける前に、日本の人びとに対して問題提起し、国内の世論を変えることが急務だと思います。「＃好きです韓国」だからこそ、歴史に向き合いつづける姿勢と行動が必要なのです。」[136]と述べている。阿部も、社会人になってからこういった問題に関心をもち、学び始めたと言う。彼女たちの取り組みに希望を見出す。そして、教師として、中学や高校、大学のなかでいかに現代的な問題として取り上げていくかを考えることが喫緊の問題だと考える。

慰安婦にされた女性が負ったものは想像を超える。彼女たちが負った被害は、「慰安婦」として「慰安所」に強制的に押し込められ、そこで日々レイプされ続け、抵抗するしないにかかわらず受けた肉体的暴力が第一にあげられる。また、命の危険を感じるほどの暴力を受け続けたことによる恐怖や強迫観念などの精神的被害があった。しかも、戦争が終わった後も、その被害はなくなってはいない。まったく知らないところに放棄され、命の危険を感じ、生きるために再びそこで過酷な生活を強いられた人もいる。自らの責任ではないにもかかわらず、身を恥じて生きていかなければならなかった戦後の生活のなかで、経済的にも精神的にも追い詰められ、性暴力によって受けた心身の故障に苦しみ続けることになった人もいる。新しく家族を作ることができても過去の苦しみを話すことなく自らの内にため込んで苦しみ続けた人もいる。新しい家族を作ることもせず、孤独に生きざるを得なかった人もいる。自らの被害を告白したことで肉親との葛藤や軋轢が新たに生まれた人もいる。

そして、証言を捏造などと否定する言説による精神的打撃の大きさは計り知れない。特に元「慰安婦」の証言を否定する言説を、加害国を代表する閣僚などの政治家が発言し続けることは、元「慰安婦」にとって戦時中に受けた直接的被害以上に大きな被害を与えていることになると言える。

このように戦争のなかで受けた直接的被害だけを見るのではなく、戦争が終わってから元「慰安婦」がたどってきた人生を見つめることによって、派生的被害が見えてくるのだ。

金学順の最初の告白から三〇年経とうとする今なお、「慰安婦」にされた人々の被害は続いている。加害行為をしている人間はその時代によって変わっても、元「慰安婦」だった被害者は変わらずにずっと被害を受け続けていると言える。このままでは彼女たちは死ぬまで、そして死んでも被害を受け続けることになるのではないだろうか。教師としてだけでなく、一人の人間として、この女性たちへの加害をもう止めさせなければならないと切実に考える。それが私の一人の人間としての責任なのだ。

「慰安婦」の授業は、歴史の中でも戦争中の問題、戦後補償の問題、日韓の未解決の問題として取り上げる他に、公民では国際関係やメディアリテラシーなどの単元でも取り上げることができる。戦争被害だけでなく、女性への性暴力やジェンダーの問題としての切り口も重要だろう。

過去の歴史事象ではなく、現代的な課題をもつ事柄であることは間違いない。この問題にどう向き合うかに、社会のありようやその成熟度が問われている。だからこそ、「慰安婦」問題について、その事実、背景、この問題をめぐる戦争中から現在までの過程、日本政府の対応、韓国との軋轢などを理性的で科学的に見ていくことこそが必要なのだ。

それを学校で教えていくのは歴史教育に携わっている教師である。教師自身がどのように現実を見つめ、現実に生き、そこから過去をどう見ていくのかが大きく問われている。勇気を出して声を上げた元「慰安婦」の方々に学び、歴史学に立脚した教育実践を作り続けていかなければと思う。

終章

戦後の教育は、戦前の国家主義的な教育に対する反省から、教育の民主化の実現が図られていった。それは当初はＧＨＱの指示によるものであったが、軍国主義や国家主義の排除、人権の尊重、民主主義の徹底、平和的文化的国家の建設を目指す教育方針が文部省から打ち出された。子どもたちが学ぶ教科書もその理念に基づいて作られていくようになった。

しかし、一九五〇年代になると、日本の民主化政策を転換させる逆コースの動きによって、教育への統制が強まり、教育に再び国家主義的な考えが反映されていくようになっていった。

学習指導要領が改訂され、試案の文字が消え、法的拘束力を文部省は主張した。それは、教科書が指導要領に大きく拘束させられていく始まりでもあった。教科書検定の強化に対して、歴史学者として、歴史教育者として、一市民として異を唱え、提訴したのが家永三郎だった。家永は教科書の内容に国家権力が介入することに反対の立場を貫き、その裁判は三三年に及んだ。

特に第二次訴訟の一九七〇年の東京地裁における杉本判決では、教育は本質的に創造的な精神活動であって、国家が教育のような人間の内面的価値にかかわる精神活動について、できるだけ自由を尊重し介入することを避けるべきである、としたことは大きな成果であった。

また教員の教育の自由についても言及し、教師にとっての学問の自由が保障されることが不可欠とした。家永教科書裁判は、教科書問題に広く国民の関心を集めただけでなく、日本の戦争の実態を国民が意識するきっかけにもなった意義のある裁判であった。

家永裁判を概観することで、教科書を検定する側としての国家が、自国の正当性を主張し、国民を統合していく装置として教科書をとらえてきたことが見えてきた。それもつねに政治的状況の変化と連動していたのである。家永教科書裁判を通して、国家介入の動きに対して、歴史学の研究成果に裏打ちされた真実を教えようとすることが国民への使命と考えた家永の思想が確固たるものとなっていった。「現在の検定制度の中で最大限に良い教科書を」[137]と訴え続けた家永の思想と行動は、今を生きる歴史研究者や歴史教育者に受け継がれていくべきものである。

アジア太平洋戦争期における日本の「侵略」を「進出」と書かせる教科書検定が、一九八二年に国際問題となった。このことをきっかけに教科書の検定基準に付け加えられたのが「近隣諸国条項」であった。これ以来、教科書において戦争や植民地化の記述などが充実していき、一九九七年になると「慰安婦」がすべての中学校教科書に登場した。

一九九七年度版の中学校歴史教科書は、「慰安婦」記述のみならず、これまでの歴史教科書の中で学問的見地から見ても水準の最も高いものとなった。ところが、これらの教科書の記述を「自虐史観」と批判する動きが強まっていった。

家永第三次訴訟の一九九七年の最高裁判決において大野裁判長は、「教科書にうそを書く――とくにごく近年のことをすり替えた修辞で書く――国は、やがてつぶれます。」と司馬遼太郎の言葉を引用し、警世の言葉にすべきとした。「つくる会」はこの警世の言葉にある「教科書にうそを書く」ことを地で行く組織だった。右派の政治家たちと「つくる会」などが連帯して、自虐史観教科書攻撃を展開する一方、「つくる会」の教科書を検定に合格させ、採択されやすい環境を作っていった。その影響が、二〇〇二年度版の教科書に如実に表れた。「慰安婦」記述は減り、教科書における侵略に関する記述も後退していったのだ。しかし、「つくる会」教科書の採択を許さない取り組みも全国各地で行われ、「つくる会」教科書はほとんどゼロ採択に近い結果となった。その後、「つくる会」から分裂して結成された「日本教育再生機構」による育鵬社の教科書が登場し、二〇一五年の採択で大きく部数を伸ばした。しかし、二〇二〇年の採択では大きく減らす結果となり、歴史修正主義者たちの教科書は一時の勢いはなくなった。また、一時期まったく途絶えた「慰安婦」記述が二社の教科書で登場するようにもなった。

「つくる会」や育鵬社の教科書採択を許さない取り組みが大きな成果を上げた背景には、家永教科書裁判の成果を引き継いで生まれた全国的な市民組織「子どもと教科書全国ネット21」の存在が大きい。教科書運動については、二〇二〇年一二月に同組織の前事務局長だった俵義文が『戦後教科書運動史』（平凡社新書、二〇二〇年）という労作を書き上げている。

教科書記述は、学校でそれを使う教師や子どもたちにとってどんな意味をもつのだろうか。そのことを筆者自身の体験から考えてみた。筆者は大学で歴史学を学んできたが近現代史を特に専攻したわけではなかった。しかし、一九八三年に中学校教師になり、子どもたちを教えるようになってから、家永第三次訴訟が提訴され、近現代史をめぐる問題が大きくクローズアップされるようになってきた。授業では、近現代における戦争の問題を意識的に取り上げるようになっていった。

一九九一年に金学順が告白したことがきっかけとなり、歴史教育者協議会では小学校、中学校、高等学校などで、アジア太平洋戦争の実相を考えるうえで女性が戦地で性暴力を受けていたということを積極的に取り上げようとする機運が高まった。一九九七年に教科書に登場したことを機に筆者は本格的に「慰安婦」を授業の中で取り上げていった。

それは、決してブームに乗ったからではなく、戦争の中で女性のことが語られてこなかったことや、語られたとしても銃後を守る役割を担った女性という観点での取り上げ方しかなかったからだ。ジェンダー研究が進み、歴史の中で女性を積極的に取り上げたいという思いもあり、教科書に載ったという事実に後押しされた。

「慰安婦」が教科書に登場したころは「援助交際」という名を借りた売買春に近いものが中学生の一部にも広がっている状況があった。子どもたちに自分だけでなく他人の「性」も尊重し、その「性」の選択の主体は自分なのだということを考えさせたかった。

しかし、当初から「教えにくい」という声も聞かれた。性の問題を取り上げることへの躊躇からだ。しかし、教科書から徐々に「慰安婦」記述は消えていった。消えることは事実がなかったことを意味するのではない。しかし、消えることによって教える教師も減っていったのは確かだ。教科書に載っていることを教えるのが授業だと思っている教師は少なくない。記述がなくなった原因に政治的な動きがあったことは周知のことだった。メディアで偏向教科書・自虐史観キャンペーンが行われ、その筆頭にあげられたのが「慰安婦」記述だからだ。教えれば批判されると恐れを感じ、授業を避ける教師もいた。もっともらしい理由は、「慰安婦」を教えなくてもアジア太平洋戦争の授業はできる、「慰安婦」は些末な事象だ、というものだ。

一九七〇年、教科書第二次訴訟の判決で杉本裁判長は、「教師に対し教育ないし教授の自由が尊重されなければならない。この自由は、主として教師という職業に付随した自由であって、その専門性・科学性から要請されるもの」[138]と述べている。この判決文こそが、教師が目の前の子どもたちを見て、何を教材にして授業をするのかを考えるうえで遠山茂樹の言う共有財産論とともに、重要な根拠と言える。

「慰安婦」を授業で取り上げることは、近年の社会状況からますます重要になっている。一九九一年の金学順の告白以来、「慰安婦」研究が日韓両国で大きく進展し、アメリカの国立公文書館記録管理局でも朝鮮人「慰安婦」の映像が発見されている。歴史学や社会学で「慰安婦」問題の研究は進んでいる。「慰安婦」の真実を消そうとする人々以上に、この問題に真摯に向き合い、記録し記憶しようとする人々が増えているのだ。

「慰安婦」の授業は過去の日本軍の蛮行を暴くことが目的ではない。戦争中の人権問題として、「慰安所」を利用した兵士たちが置かれていた状況、日本の戦争の無謀さ、女性をどのようにとらえていたか、植民地支配の中での朝鮮半島の人々の暮らしぶり、当時の性をとらえる考え方、日韓に横たわる歴史認識の違いと日本の植民地支配責任や戦後補償問題など現在に至る多くの課題を、「慰安婦」を授業で取り上げることによって考え読み解くことができるのだ。

二〇一九年四月、性暴力をなくし、性暴力を容認する社会を変えようと「フラワーデモ」[139]が始まり、全国四七都道府県で広がっている。「慰安婦」問題は、このような現代的な問題ともつながっている。二〇一八年にナディア・ムラドがノーベル平和賞を受賞した。イラク北西部に暮らすヤズィディ教徒だった彼女は、イスラム国にとらわれ性暴力を受け、売買され、人間としての尊厳を奪われた経験を国際社会に告発し、戦時性暴力を根絶するために活動している。[140] 戦時性暴力である「慰安婦」問題は、過去のことではなく、過去と現代を結ぶ問題だと言える。

では、「慰安婦」問題をどのように教えるのか。やみくもに悲劇的なことや扇情的なことだけを伝えるのでは、生徒の中に単なる同情や日本軍への嫌悪感しか生まないだろう。

植民地になることで朝鮮半島の人々がどのような生活状況に陥ったのか、植民地になった朝鮮半島の社会で日本がどのような支配を行っていたのか、当時の男性が女性を性的に搾取していた状況や、日本軍の現地調達主義の戦いの中で起きた性暴力や略奪などを系統立てた学習の中で取り上げていかなければ、「慰安婦」問題は戦争中の一つの悲劇としてトピックス的なものになりがちだ。筆者は「慰安婦」を授業で取り上げるたびに改良を重ねていった。

二〇二〇年の授業では、現在の日韓両国に横たわる植民地支配の認識の違いに焦点をあて、戦後これまでで最も関係が悪化していると言われる日韓関係を改善していくために、何が解決されなければならないのかを考えさせた。子どもたちの感想でも、日韓の関係を良好にしたいという思いがほとんどの生徒にみられるとともに、日本が戦後果たしてこなかった植民地支配責任を知り、もっと知りたいと言う生徒や、知ったうえで解決に向けて日本政府が行動をとるべきだとする生徒の声があった。

これからの未来を担う子どもたちにこそ、日韓の関係悪化の原因を韓国の責任と一方的な見方でとらえるのではなく、歴史の真実を見つめ、そこから現代に生きる者として、日韓の未解決の問題に目を向け、理性的に考えていけるようになってほしいと願って実践を行った。

本書を書き上げるころになって、筆者のこれまでの研究テーマと重なる一冊の本に出合った。康誠賢による『歴史否定とポスト真実の時代　日韓「合作」の「反日種族主義」現象』（大月書店）である。李栄薫の『反日種族主義』が一種の社会現象のようになっている状況に対して、反論だけでなく、なぜ「反日種族主義」が多くの人々に受け入れられているのかを論じている。康によると、「反日種族主義」現象の層には三つあり、一つは右派図書のベストセラー現象、一つはYoutubeなどのメディアプラットフォームと技術で可能となった波及力、一つは日韓の右派の歴史修正主義の連帯とネットワーク、と指摘する。本の購買層となる六〇代中心の男性層が右派の主張を垂れ流すYoutube番組を拡散し、若年層も扇情的なコンテンツに殺到する。そして、様々な世代を保守系の政治団体がネットワーク化していくとしている。[141)]

それは日本国内でも同じである。

筆者の「慰安婦」授業に関する批判も、二〇〇〇年代初頭は匿名のファックスや電話による批判だった。これは拡散性もなく、学校内における授業を受けた生徒やその保護者に限定されたものだった。しかし、二〇〇九年以降のSNSの広がりによって大きく様相が変わった。

二〇一〇年に在特会が勤務校にやってきたときには、彼らはビデオカメラを持参し、管理職などとのやりとりを動画に収め、動画サイトに流した。学校をはじめとする様々な情報が瞬時にネット上にアップされ、再生回数が増えるにつれ、拡散されていった。

YoutubeやFacebook、Twitterなどのメディアが限りなく事実とは違うものを拡散させているのだ。目に見える実態がわかる人ではなく、目に見えない匿名のヴァーチャルな批判者におびえなければならなくなっている現状があると言える。これが、筆者への二〇一〇年以降の攻撃の背景にあるものだ。

二〇一五年、安倍政権と朴槿恵政権の下で、被害者を排除した形で「慰安婦」問題に関する日韓合意が結ばれた。これを機に、「慰安婦」問題は解決したとされ、それを持ち出すことが日韓合意に反し、問題を蒸し返す行為とされるようになった。国際的にも国内的にも政治問題化した「慰安婦」問題の解決の糸口は見いだせない。

しかし、「慰安婦」を授業で伝えることは、政治的な問題を乗り越えて、そこにいる被害者の声を伝えていくことだ。歴史否定をネット上で何万回と繰り返す動きに対して、目の前にいる子どもたちに「慰安婦」にされた被害者の声を届け、真実を伝える授業を行うことこそが、歴史の否定を許さないことにつながると信じる。歴史の否定を許さずに日韓の友好を作り上げていくためにも、日韓の研究者や教育者が互いに交流を深め、連帯をしていく必要がある。

家永裁判第二次訴訟における杉本判決で示された「教育が何よりも子ども自らの要求する権利である」とする子どもの学習権という考え方からすれば、「慰安婦」問題はまさしく子どもたちが知りたい、学びたいと思う教材であることは、これまで教えてきた子どもたちの感想から明らかである、杉本判決にある「将来においてその人間性を十分に開花させるべく自らを成長させることが子どもの生来的権利」という観点からみれば、「慰安婦」問題こそが、子どもたちの人間性を開花させ自らを成長させうる教材と言えよう。だからこそ、「慰安婦」問題を教科書に記述し、教える意義があるのだ。

日本の加害について研究したり発信する研究者などに、「反日」「日本から出ていけ」という攻撃がネット上でなされる。筆者も例外ではない。日本や日本人と一括りにして、日本や日本人にとって不都合なことを研究し、授業をすることは国家の名誉を踏みにじることになり、そのような行為をする人間は自分たちの国にいるべきではないという主張だ。このような主張をする人々が考えた日本歴史物語が「つくる会」や育鵬社の教科書だった。この教科書の登場は日本の教育現場や社会に大きな影響を与えた。自国を礼賛し、過去に犯した過ちを認めない風潮が広がっていった。これらの教科書が二〇二〇年度の採択で部数を激減させたことは大きな出来事と言える。

しかし、教科書検定による修正の強化や修正期間の短縮、学習指導要領の教科書内容への拘束性がますます強くなってきている教科書検定制度の現状がある。教科書検定で合格するために、無難な記述や、他社と横並びの記述、検定で修正意見が付かないような内容にと、執筆者や教科書会社が忖度すれば、教師や子どもたちは創意工夫に富んだ個性のある教科書に巡り合える機会が失われることになる。ましてや、歴史修正主義者たちから自虐的とみなされるような批判を避けたいと考えれば、文部科学省の指示どおりの政府見解に忠実な内容になり、教科書の内容が一面的になる可能性が増していくだろう。

文部科学省には教科書検定を抑制的に行うことを求めたい。また、教科書執筆者や教科書会社には、歴史学研究の共有財産に根差した特色ある教科書を良識をもって作っていくことを望む。

なによりも歴史教育者は、その専門性・科学性に基づき、創造性のある授業を批判を恐れず、良心をかけて行っていかなければならない。自国の歴史を偽り続けるのではなく、過去の歴史責任に向き合い、過ちを認めることから、歴史を語っていかなければならない。「子どもの学習権」に立脚し、戦後七五年過ぎた今、教育の場でこそ、戦争責任、植民地支配責任を問う取り組みが必要となっている。

【注】

序章

1 君島和彦『日韓歴史教科書の軌跡　歴史の共通認識を求めて』すずさわ書店、二〇〇九年。

第一章

2 勝田守一「戦後における社会科の出発」『勝田守一著作集1』国土社、一九七三年、二〇頁。
3 貝塚茂樹監修『戦後道徳教育文献資料集　第一期三』日本図書センター、二〇〇三年。
4 貝塚茂樹監修『戦後道徳教育文献資料集　第一期三』日本図書センター、二〇〇三年。
5 「新教育指針」国立国会図書館デジタルアーカイブ（https://dl.ndl.go.jp/info:ndljp/pid/1281779）。
6 臼井嘉一「戦前歴史教育の反省と戦後社会科歴史教育の出発」歴史教育者協議会編『歴史教育五〇年のあゆみと課題』未来社、一九九七年、三四〜三七頁。
7 臼井嘉一「戦前歴史教育の反省と戦後社会科歴史教育の出発」歴史教育者協議会編『歴史教育五〇年のあゆみと課題』未来社、一九九七年、三八〜三九頁。
8 「教育基本法」文部科学省ホームページ（https://www.mext.go.jp/b_menu/kihon/about/a001.htm）。
9 児童や生徒の生活に立脚して、その生活や経験を事実に即位してありのままに綴らせ、そこから自分たちの社会のあり様を考えさせていく教育の取り組み。一九三〇年代中ごろから東北地方の青年教師などによってはじまり、広がっていった。

【注】

10 子どもを主体として、その生活的課題や要求や活動を組織し、実生活に必要な生きていく力を形成しようとする教育。大正期から昭和にかけて盛んになっていった。

11 国立教育政策研究所 一九四七~二〇〇八・二〇〇九学習指導要領データベース(https://www.nier.go.jp/guideline/s26jhs2/chap1-3-5.htm)。

12 梅野正信『社会科歴史教科書成立史—占領期を中心に』日本図書センター、二〇〇四年、七九頁。

13 前掲書、八三頁。

14 松島栄一「社会科と歴史教育」梅根悟・岡津守彦編『社会科教育のあゆみ』小学館、一九五九年、五一頁。

15 前掲書、七〇頁。

16 国立教育政策研究所、一九四七~二〇〇八・二〇〇九学習指導要領データベース(https://www.nier.go.jp/guideline/s26jhs2/chap1-3-5.htm)。

17 佐藤伸雄「新しい歴史学と歴史教育内容の再構成」歴史教育者協議会編『歴史教育五〇年のあゆみと課題』未来社、一九九七年、六六頁。

18 一九五一年九月、アメリカのサンフランシスコで第二次世界大戦の講和のためにアメリカなど四八か国と日本が結んだ講和条約。中華人民共和国、中華民国、大韓民国、朝鮮民主主義人民共和国も招かれず、ソ連やポーランドなどは調印しなかった。また、沖縄や奄美群島、小笠原諸島は引き続きアメリカの支配下に置かれた。

19 一九五四年、アメリカの相互安全保障法(MSA)に基づいて日米両国間で結ばれた協定。アメリカは反ソ反共を目的に、日本への経済援助と引き換えに、日本も自衛力を増強させることなどが義務づけられた。

20 『朝日新聞』一九五二年九月三日付。

21 『朝日新聞』一九五三年一〇月二五日付。

22 攻撃という表現は学術論文としては客観性を欠く恐れもある表現だが、三度にわたって行われている教科書への政府や文部省（文部科学省）、有識者などによる批判は、その批判において学問的成果に立脚した批判というものをはるかに逸脱したものであるために、あえてこの語句を使用する。なお、これらの教科書問題を攻撃という言葉で表している先行事例として、君島和彦氏による「戦後歴史教育と植民地支配」『岩波講座　近代日本と植民地8　アジアの冷戦と脱植民地化』（岩波書店、一九九三年）がある。

23 「日本民主党の『うれうべき教科書の問題』にたいする抗議書」『歴史地理教育』一二号、歴史教育者協議会、一九五五年一〇月。

24 家永三郎「民主党の『うれうべき教科書の問題』――科学的教育に対する公然の挑戦」『歴史学研究』一八八号、歴史学研究会、一九五五年一〇月、二七～三〇頁。

25 宮原武夫「教科書問題と教育内容の自主編成」歴史教育者協議会編『歴史教育五〇年のあゆみと課題』未来社、一九九七年、一三二～一三三頁。

26 国立教育政策研究所 一九四七～二〇〇八・二〇〇九学習指導要領データベース（https://www.nier.go.jp/guideline/s33j/chap2-2.htm）。

27 新井章「教科書訴訟三二年の歩み」家永教科書訴訟弁護団編『教科書裁判　三二年にわたる弁護団活動の総括』日本評論社、一九九八年、三七頁。

28 尾山宏「序　教科書裁判に託した家永教授の想い」家永教科書訴訟弁護団編『教科書裁判　三二年にわたる弁護団活動の総括』日本評論社、一九九八年、六～七頁。

29 家永三郎『教科書裁判』日本評論社、一九八一年、六八～六九頁。

30 家永三郎『戦争責任』岩波書店、二〇〇二年、四三二～三三三頁（初出は一九八五年）。

31 家永三郎『一歴史学者の歩み』岩波書店、二〇〇三年、二一六～二一八頁（初出は一九七七年）。

【注】

32　杉本判決　第二次訴訟第一審判決　東京地裁昭和四二年（行ウ）第八五号検定処分取消請求事件昭和四五年七月一七日判決から尾山宏氏が要約したもの。

33　『日本経済新聞』一九七〇年七月一八日付。

34　家永三郎『教科書裁判』日本評論社、一九八一年、一二六頁。

35　俵義文『戦後教科書運動史』平凡社、二〇二〇年、一八三～一八四頁。

36　俵義文『教科書攻撃の深層』学習の友社、一九九七年、三一頁。

37　「歴史教科書」に関する宮沢内閣官房長官談話、一九八二年八月二六日（https://www.mofa.go.jp/mofaj/area/taisen/miyazawa.html）。

38　教科用図書検定基準について（https://www.mext.go.jp/b_menu/shingi/tosho/002/gijiroku/08031203/003/002.htm）。

39　家永三郎『「密室」検定も記録　八〇年代家永日本史の検定』名著刊行会、一九九三年、二二九～二三二頁。

40　ここで調査官は、集団自決がいちばん多いとしているが、沖縄戦での死者は、ひめゆり学徒隊など学徒の死者数が約千人、対馬丸の犠牲者数が一四八二人、他にもアメリカの砲弾による死者、スパイとして虐殺された犠牲者、餓死や栄養失調・マラリアなどによる死者など多岐にわたっており、決して集団自決による死者がいちばん多いとは言えない。

41　藤田英典『安倍「教育改革」はなぜ問題か』岩波書店、二〇一四年、一一二頁。

42　藤田康幸「第四編　第三次教科書訴訟」家永教科書訴訟弁護団編『教科書裁判　三二年にわたる弁護団活動の総括』日本評論社、一九九八年、一六九頁。

43　村山裕「第三章　検定意見を確定させた大野判決　上告審の経過と問題点」家永教科書訴訟弁護団編『教科書裁判　三二年にわたる弁護団活動の総括』日本評論社、一九九八年、二一四頁。

第二章

44 一九九〇年六月六日第一一八回国会参議院予算委員会での答弁。
45 一九九二年七月六日、加藤紘一官房長官（https://www.mofa.go.jp/mofaj/area/taisen/kato.html9）。
46 一九九三年三月二三日、第一二六回国会参議院予算委員会での答弁。
47 一九九三年八月四日「慰安婦関係調査結果発表に関する河野内閣官房長官談話」（河野談話。http://www.mofa.go.jp/mofaj/area/taisen/kono.html）。
48 細川総理大臣、第一二七回特別会における所信表明演説（https://worldjpn.grips.ac.jp/documents/texts/pm/19930823.SWJ.html）。
49 俵義文『ドキュメント「慰安婦」問題と教科書攻撃』一九九七年、高文研、六〜七頁。
50 外務省ホームページ（https://www.mofa.go.jp/mofaj/press/danwa/07/dmu_0815.html）。
51 『朝日新聞』一九九六年五月二九日朝刊。
52 『毎日新聞』一九九六年六月五日朝刊。
53 『朝日新聞』一九九六年六月五日朝刊。
54 参議院議員議事録（https://kokkai.ndl.go.jp/#/detail?minId=113915261X00219961211¤t=7960）。
55 この状況に関して、日本弁護士連合会が会長名で下記の声明を一九九七年五月一日に出している（「中学校社会科教科書における「従軍慰安婦」の記述に関する会長声明」、https://www.nichibenren.or.jp/document/statement/year/1997/1997_10.html）。
56 碓井敏正「自由主義史観の意味するもの」部落問題研究所編『「自由主義史観」の本質』部落問題研究所、一九九七年、一七七頁。

【注】

57 「教科書が教えない歴史」は『産経新聞』に一九九六年一月から連載され、のちに産経新聞ニュースサービスから単行本として全四巻が刊行されている。

58 『産経新聞』一九九六年六月二八日朝刊。

59 『産経新聞』一九九六年九月六日朝刊。

60 新しい歴史教科書をつくる会編『新しい日本の歴史が始まる』幻冬舎、一九九七年、三一四～三一五頁。

61 安倍内閣総理大臣談話、二〇一五年八月一四日（https://warp.ndl.go.jp/info:ndljp/pid/11547454/www.kantei.go.jp/jp/97_abe/discource/20150814danwa.html）。

62 第一四二回国会参議院、行財政改革・税制等に関する特別委員会第一三号、平成一〇年六月八日、町村信孝発言（https://kokkai.ndl.go.jp/#/detail?minId=114214269X01319980608¤t=2）。

63 子どもと教科書全国ネット21編『こんな教科書　子どもにわたせますか――「つくる会」の歴史・公民教科書批判』大月書店、二〇〇一年、一四七頁。

64 教科書改革実行プラン（https://www.mext.go.jp/a_menu/shotou/kyoukasho/gaiyou/04060901/__icsFiles/afieldfile/2014/06/30/1338817_01.pdf）。

65 教科書検定基準及び教科用図書検定審査要項の改定並びに教科書採択に対する意見書、二〇一四年一二月一九日（https://www.nichibenren.or.jp/document/opinion/year/2014/141219.html）。

66 https://www.mext.go.jp/b_menu/shingi/tosho/toushin/__icsFiles/afieldfile/2017/06/13/1386149_001.pdf

67 俵義文『徹底検証　あぶない教科書「戦争ができる国」をめざす「つくる会」の教科書』学習の友社、二〇〇一年、一〇四頁。

68 『教科書レポート』編集委員会『教科書レポート』No.50、日本出版労働組合連合会、二〇〇六年、二八～二九頁。

69 氏岡真弓「学び舎の問い　歴史教育はどうあるべきか」『世界』岩波書店、二〇一五年八月号。

70 佐藤広美『「誇示」する教科書　歴史と道徳をめぐって』新日本出版社、二〇一九年、三～四頁。

71 原口健治『歴史教科書とナショナリズム　日本とドイツ』春風社、二〇一六年、五一頁。

72 新しい歴史教科書をつくる会編『新しい日本の歴史が始まる　「自虐史観」を超えて』幻冬舎、一九九七年、二〇〇頁。

73 斉加尚代『教育と愛国』岩波書店、二〇一九年、三七頁。

74 『教科書レポート』編集委員会『教科書レポート』No.63、日本出版労働組合連合会、二〇二〇年、七五頁。

第三章

75 https://twitter.com/hiroyoshimura/status/1049912442392854529

76 第一九六回国会衆議院外務委員会　第一三号　平成三〇年五月三〇日河野太郎外務大臣答弁。

77 『朝日新聞』二〇一八年一月一二日付。

78 大阪府平成三〇年九月定例会教育常任委員会、一〇月一二日、〇一号（https://ssp.kaigiroku.net/tenant/prefosaka/SpMinuteView.html?power_user=false&tenant_id=315&council_id=1944&schedule_id=2&view_years=2018）。

79 大阪府平成三〇年九月定例会教育常任委員会、一〇月一六日、〇二号（https://ssp.kaigiroku.net/tenant/prefosaka/SpMinuteView.html?power_user=false&tenant_id=315&council_id=1944&schedule_

【注】

id=3&view_years=2018）。

80　七尾養護学校事件については、金崎満『検証　七生養護学校事件—性教育攻撃と教員大量処分の真実』（群青社、二〇〇五年）に詳しい。

81　http://www.pref.osaka.lg.jp/attach/26503/00000000/ianfu.pdf

二〇一四年八月、『朝日新聞』がいわゆる「吉田証言」にかかわる記事を取り消したことに関連して、翌一五年に大阪府教育委員会事務局が「「慰安婦」に関する補助教材」を作成した。「補助教材」の活用について府教育委員会は、「教職員に周知するとともに、慰安婦問題を授業等で取り扱う場合には、本補助教材を対象生徒全員に配付し、必ず活用願います」と指示し、「指導方法」について「すべての内容について指導を行うこと」「活用状況」についても報告を府立高等学校に求めた。しかし、現在は「「慰安婦」に関する補助教材」については使用の義務はなく、報告を求めていない。

82　教員の地位に関する勧告（仮訳一九六六年一〇月五日教員の地位に関する特別政府間会議採択（https://www.mext.go.jp/unesco/009/004/009.pdf）。

83　学校における教育課程の編成権は、学校教育法施行規則第七四条において、「中学校においては、当該中学校の設置者が、教育課程を編成することができる」とある。つまり、学校長が学校の実情に応じて、教育課程の編成権をもっていると言える。それを、外部からの教育介入による圧力によって教育過程の変更を行うことは、自ら教育課程の編成権を投げ捨てることになる。

84　大阪府教育委員会に開示請求して開示された文書。

85　https://www.mext.go.jp/unesco/009/1387153.htm

86　吹田市教育委員会教育長名による二〇一年一二月文書、「御社配信記事「憲法マイストーリー」について」三〇吹学指第一五五九号。

87　平井美津子『日本軍「慰安婦」を子どもにどう教えるか』高文研、二〇一七年。
88　堀尾輝久「教科書問題をどうとらえるか」社会科教科書執筆者懇談会編『教科書問題とは何か』未来社、一九八四年、一九〜二〇頁。
89　君島和彦『日韓歴史教科書の軌跡　歴史の共通認識を求めて』すずさわ書店、二〇〇九年、一二八頁。
90　家永教科書裁判第一次訴訟・高裁藤木久志意見書を君島和彦が『日韓歴史教科書の軌跡　歴史の共通認識を求めて』（すずさわ書店、二〇〇九年、一三五頁）に引用したものを使用。
91　遠山茂樹『歴史学から歴史教育へ』岩崎書店、一九八〇年、一〇四〜一〇五頁。
92　遠山前掲書、一二一〜一三頁。
93　「中学校学習指導要領」平成二九年度告示（https://www.mext.go.jp/content/1413522_002.pdf）。
94　君島和彦『日韓歴史教科書の軌跡　歴史の共通認識を求めて』すずさわ書店、二〇〇八年、一三六頁。

第四章

95　君島和彦・坂井俊樹編著『朝鮮・韓国は日本の教科書にどう書かれているか』（梨の木社、一九九二年）、君島和彦「戦後歴史教育と植民地支配」『岩波講座　近代日本と植民地』（岩波書店、一九九三年）、君島和彦『日本と韓国の歴史教科書を読む視点』（梨の木社、二〇〇一年）、君島和彦『日韓歴史教科書の軌跡』（すずさわ書店、二〇〇九年）など。
96　梅野正信「社会科歴史論の歴史的研究――歴史教育における社会科需要の歴史的背景」『上越社会研究』一、一九八六年一〇月、三〇〜三一頁。
97　君島和彦「戦後歴史教育と植民地支配」『岩波講座　近代日本と植民地8　アジアの冷戦と脱植民地化』岩波書店、一九九三年、二五四頁。

【注】

98 吉沢文寿『日韓会談一九六五　戦後日韓関係の原点を検証する』高文研、二〇一五年、二七頁。

99 高崎宗司「第三次日韓会談と「久保田発言」」『思想』岩波書店、一九八五年八月号、六二頁。

100 「中国の五・四運動」の見出しのなかで、三・一独立運動が記述されている。また、三・一独立運動が先にもかかわらず、「中国に刺激されて」という書き方になっている。これは明らかに前後関係が違っていると言える。

101 糟谷憲一「「韓国併合」〝百年の長計〟「帝国版図」に」『日韓の歴史をたどる』赤旗編集局編、二〇二一年。

102 教科用図書検定基準について、文部科学省ホームページ（https://www.mext.go.jp/b_menu/shingi/tosho/002/gijiroku/08031203/003/002.htm）。

103 アクティブ・ミュージアム「女たちの戦争と平和資料館」（wam）編『日本軍「慰安婦」問題　すべての疑問に答えます。』合同出版、二〇一三年、三八～三九頁。

104 一九九三年八月四日「慰安婦関連調査結果発表に関する内閣官房長官談話」（https://www.mofa.go.jp/mofaj/area/taisen/kono.html）。

105 俵義文『教科書攻撃の深層』学習の友社、一九九七年）、『ドキュメント「慰安婦」問題と教科書攻撃』（高文研、一九九七年）に詳しい。

106 教科書改革実行プラン、文部科学省ホームページ（https://www.mext.go.jp/a_menu/shotou/kyoukasho/gaiyou/04060901/__icsFiles/afieldfile/2014/06/30/1338817_01.pdf）。

107 出版労連『出版レポート』№57、二〇一四年、七～九頁。

108 李泰鎮・安重根ハルピン学会編著、勝村誠・安重根東洋平和論研究会監訳『安重根と東洋平和論』日本評論社、二〇一六年。日韓両国の研究者が東アジア共通の研究課題として国境を越えて積み重ねていった重要な研究の成果と言える。

109　一九四九年、民主的な社会科教育をめざして結成された民間教育団体である歴史教育者協議会が発行している雑誌。

第五章

110　安達喜彦「子ども・青年たちが問いかけるもの――「大人たちは戦争から何を学んだのか」」歴史教育者協議会編『アジア太平洋戦争から何を学ぶか』青木書店、一九九三年、六頁。

111　小川輝光「一九九〇年代からの歴史教育論争――学校教育は「慰安婦」問題にいかに向き合ってきたか」歴史学研究会・日本史研究会編『「慰安婦」問題を／から考える　軍事性暴力と日常世界』岩波書店、二〇一四年、一九一～二〇二頁。

112　「中学生に「従軍慰安婦」問題を教えて」歴史教育者協議会『歴史地理教育』№５８０、一九九八年。
「歴史教育の現場から――「慰安婦」の授業を中心に」歴史学研究会『歴史学研究』№９０１、二〇一三年。

「今、中学校で近現代史を学ぶ意味とは？」歴史教育者協議会『歴史地理教育』№８５２、二〇一六年。

『「慰安婦」問題を子どもにどう教えるか』高文研、二〇一七年。

「「慰安婦」問題の解決は私たちの責任」兵庫県人権問題研究所『季刊　人権問題』№３９０、二〇一八年。

「「慰安婦」問題を知ること・語ること」教育科学研究会『教育』№８７４、二〇一八年。会
「若者と共に考えたい植民地責任」教育科学研究会『教育』№８９４、二〇二〇年。

「植民地支配から見える「慰安婦」授業」歴史教育者協議会『歴史地理教育』№９２５、二〇二一年。

【注】

113 朝鮮に生まれ、戦争中、沖縄の渡嘉敷島に「慰安婦」として連れてこられ、敗戦後も沖縄を転々とし、一九九一年、沖縄で死去。川田文子『新版　赤瓦の家』（高文研、二〇二〇年復刻）に詳しい。

114 「在日特権を許さない市民の会」の略称。在日コリアンが日本で不当な利益を得ているなどとして訴えるネット空間から生み出された団体で、京都朝鮮学校襲撃事件（二〇〇九年）をはじめとして各地でヘイトスピーチを行っている。

115 京都朝鮮学校襲撃事件と在特会については、中村一成『ルポ　京都朝鮮学校襲撃事件〈ヘイトクライム〉に抗して』（岩波書店、二〇一四年）に詳しい。

116 元「慰安婦」として名乗り出た女性たちが共同生活をしていた福祉施設が「ナヌムの家」である。その敷地内に、一九九八年に「慰安婦」だった女性たちの証言を記憶し歴史を刻むための記念館として「日本軍「慰安婦」歴史館」を創設した。

117 『朝日新聞』二〇一三年五月一四日付朝刊など。

118 アクティブミュージアム「女たちの戦争と平和資料館」編『証言　未来への記憶　アジア「慰安婦」証言集Ⅰ　南・北・在日コリア編　上』二〇〇六年、一五四～一六四頁。

119 アクティブ・ミュージアム「女たちの戦争と平和資料館」（wam）編『日本軍「慰安婦」問題　すべての疑問に答えます。』（合同出版、二〇一三年、一六～一七頁）には、当時の兵士として、鈴木良雄や金子安次の証言がある。

120 渡部良三『歌集　小さな抵抗　殺戮を拒んだ日本兵』岩波書店、二〇一一年。

121 国際連合ダーバン会議（二〇〇一年）で、植民地主義や奴隷制の責任について議論された。

122 板垣竜太「日本の戦後処理と植民地支配責任」一般社団法人市民セクター政策機構『季刊　社会運動』四三六号、二〇一九年一〇月号、三二頁。

123　カン・ドッキョンは朝鮮に生まれ、最初は挺身隊として日本に連れてこられたが、後に「慰安婦」にされた。晩年は「ナヌムの家」に住み、自らの体験に基づく多くの絵画を残した。一九九七年死去。土井敏邦『〝記憶〟と生きる　元「慰安婦」姜徳景の生涯』（大月書店、二〇一五年）に詳しい。

124　参議院水産委員会の国会議事録一九五三年一〇月（https://worldjpn.grips.ac.jp/documents/texts/JPKR/19531027.O1J.html）。

125　イ・ハンネの訴えに関しては、岩本賢治・本庄豊・平井美津子編著『コピーしてすぐ使える　まるごと社会科中学・歴史（下）』の「（発展）日本の戦後補償」を使用。なお、この教材の作成では、内海愛子『朝鮮人BC級戦犯の記録』（勁草書房、二〇〇三年）を参考にした。二〇二一年に没した。

126　石川逸子『詩集　砕かれた花たちへのレクイエム』花神社、一九九四年、二四〜四五頁。

127　アクティブ・ミュージアム 女たちの戦争と平和資料館（wam）が作成した「日本軍慰安所マップ」。ウェブサイト上で、地図データ、地域・国別資料リスト、資料詳細データを見ることができる（https://wam-peace.org/ianjo/map/）。

128　一九八五年五月八日、西ドイツのヴァイツゼッカー大統領が、ドイツの敗戦四〇周年にあたって連邦議会で行った演説の一説。『新版　荒れ野の四〇年　ヴァイツゼッカー大統領ドイツ終戦四〇周年記念演説』岩波ブックレット、二〇〇九年。

129　安井俊夫「戦争学習における共感と共同」歴史教育者協議会『歴史地理教育』No.693、二〇〇五年会。

130　遠山茂樹「社会科教育の領域と内容――歴史」（『現代教育学』一三、岩波書店、一九六一年。のちに「歴史学習の領域と内容」として遠山茂樹『歴史学から歴史教育へ』に再録、五五五頁）。

131　李栄薫『反日種族主義　日韓危機の根源』文芸春秋社、二〇一九年。

132　康誠賢著、鄭栄桓監修、古橋綾訳『歴史否定とポスト真実の時代　日韓「合作」の「反日種族主義」現

【注】

象』大月書店、二〇二〇年、三一頁。

133 子どもたち一人ひとりに個別最適化され、創造性を育む教育ICT環境の実現をするために打ち出された文部科学省の方針（https://www.mext.go.jp/a_menu/other/index_00001.htm）。

134 岡本有佳・加藤圭木編『だれが日韓「対立」をつくったのか 徴用工、「慰安婦」、そしてメディア』大月書店、二〇一九年、一三八頁。

135 二〇一七年にアメリカの映画プロデューサーによる性的被害が明らかになり、それをきっかけに多くの女性が声を上げ、世界各地に広がった運動をさす。

136 岡本有佳・加藤圭木編『だれが日韓「対立」をつくったのか 徴用工、「慰安婦」、そしてメディア』大月書店、二〇一九年、一五四～一五七頁。

終章

137 教科書検定訴訟を支援する全国連絡会『教科書裁判ニュース』一九七三年七月一三日。

138 昭和四二（行ウ）85 検定処分取消訴訟事件（https://www.courts.go.jp/app/files/hanrei_jp/330/018330_hanrei.pdf）。

139 フラワーデモ公式サイト（https://www.flowerdemo.org/）。

140 ナディア・ムラド著、吉井智津翻訳『THE LAST GIRL イスラム国に囚われ、闘い続ける女性の物語』東洋館出版社、二〇一八年。

141 康誠賢著、鄭栄桓監修、古橋綾訳『歴史否定とポスト真実の時代 日韓「合作」の「反日種族主義」現象』大月書店、二〇二〇年、二三八～二三九頁。

【参考文献】

赤旗編集局『日韓の歴史をたどる　支配と抑圧、朝鮮蔑視観の実相』新日本出版社、二〇二一年。

アクティブミュージアム「女たちの戦争と平和資料館」編『証言　未来への記憶　アジア「慰安婦」証言集Ⅰ　南・北・在日コリア編　上』二〇〇六年。

アジア女性資料センター編『「慰安婦」問題Q＆A　「自由主義史観」へ　女たちの反論』明石書店、一九九七年。

新しい歴史教科書をつくる会編『新しい日本の歴史が始まる　「自虐史観」を超えて』幻冬舎、一九九七年。

新しい歴史教科書をつくる会編『新しい歴史教科書を「つくる会」という運動がある』扶桑社、一九九八年。

家永教科書訴訟弁護団編『教科書裁判　三二年にわたる弁護団活動の総括』日本評論社、一九九八年。

家永三郎『教科書裁判』日本評論社、一九八一年。

家永三郎『戦争責任』岩波書店、二〇〇二年（初出は一九八五年）。

家永三郎『一歴史学者の歩み』岩波書店、二〇〇三年（初出は一九七七年）。

石川逸子『詩集　砕かれた花たちへのレクイエム』花神社、一九九四年。

石山久男『教科書検定　沖縄「集団自決」問題から考える』岩波書店、二〇〇八年。

『岩波講座　近代日本と植民地』岩波書店、一九九三年。

植村裁判取材チーム『慰安婦報道「捏造」の真実　－検証・植村裁判』花伝社、二〇一八年。

内海愛子他『日韓の歴史問題をどう読み解くか』新日本出版社、二〇二〇年。

梅根悟・岡津守彦編『社会科教育のあゆみ』小学館、一九五九年。

梅野正信『社会科歴史教科書成立史　占領期を中心に』日本図書センター、二〇〇四年。

【参考文献】


岡本有佳・金富子編『〈平和の少女像〉はなぜ座り続けるのか』世織書房、二〇一六年。

岡本有佳・加藤圭木編『だれが日韓「対立」をつくったのか　徴用工、「慰安婦」、そしてメディア』大月書店、二〇一九年。

糟谷憲一『朝鮮半島を日本が領土とした時代』新日本出版社、二〇二〇年。

勝田守一『勝田守一著作集1』国土社、一九七三年。

金崎満『検証 七生養護学校事件――性教育攻撃と教員大量処分の真実』群青社、二〇〇五年。

川田文子『新版　赤瓦の家』高文研、二〇二〇年（初出は一九八七年）。

韓国挺身隊問題対策協議会・二〇〇六年女性国際戦犯法廷証言チーム『記憶で書き直す歴史　「慰安婦」サバイバーの語りを聴く』岩波書店、二〇二〇年。

康誠賢著、鄭栄桓監修、古橋綾訳『歴史否定とポスト真実の時代　日韓「合作」の「反日種族主義」現象』大月書店、二〇二〇年。

北野隆一『朝日新聞の慰安婦報道と裁判』朝日新聞出版、二〇二〇年。

君島和彦・坂井俊樹編著『朝鮮・韓国は日本の教科書にどう書かれているか』梨の木社、一九九二年。

君島和彦『日本と韓国の歴史教科書を読む視点』梨の木社、二〇〇一年。

君島和彦『日韓歴史教科書の軌跡　歴史の共通認識を求めて』すずさわ書店、二〇〇九年。

キム・ジェンドリ・グムスク『草　日本軍「慰安婦」のリビング・ヒストリー』ころから、二〇二〇年。

金富子・小野沢あかね『性暴力被害を聴く　「慰安婦」から現代の性搾取へ』岩波書店、二〇二〇年
纐纈厚・朴容九編『時効なき日本軍「慰安婦」問題を問う』社会評論社、二〇二〇年。

子どもと教科書全国ネット21編『こんな教科書　子どもにわたせますか――「つくる会」の歴史・公民教科書批判』大月書店、二〇〇一年。

小森陽一・坂本義和・安丸良夫編『歴史教科書　何が問題か　徹底検証Q＆A』岩波書店、二〇〇一年。

斉加尚代『教育と愛国』岩波書店、二〇一九年。

佐藤広美『「誇示」する教科書　歴史と道徳をめぐって』新日本出版社、二〇〇九年。

社会科教科書執筆者懇談会編『教科書問題とは何か』未来社、一九八四年。

「戦争と女性への暴力」リサーチ・アクションセンター編『「慰安婦」バッシングを越えて「河野談話」と日本の責任』大月書店、二〇一三年。

竹内康人『韓国徴用工裁判とは何か』岩波ブックレット、二〇二〇年。

俵義文『教科書攻撃の深層』学習の友社、一九九七年。

俵義文『ドキュメント「慰安婦」問題と教科書攻撃』高文研、一九九七年。

俵義文『徹底検証　あぶない教科書　「戦争ができる国」をめざす「つくる会」の教科書』学習の友社、二〇〇一年。

俵義文『日本会議の全貌　知られざる巨大組織の実態』花伝社、二〇一六年。

俵義文『戦後教科書運動史』平凡社新書、二〇二〇年。

坪川宏子・大森典子『司法が確定した日本軍「慰安婦」　被害・加害事実は消せない』かもがわ出版、二〇一一年。

土井敏邦『〝記憶〟と生きる　元「慰安婦」姜徳景の生涯』大月書店、二〇一五年。

東郷和彦『歴史認識を問い直す　靖国・慰安婦・領土問題』角川書店、二〇一三年。

遠山茂樹『「歴史学から歴史教育へ」』岩崎書店、一九八〇年。

中野敏男・板垣竜太・金昌禄・岡本有佳・金富子『「慰安婦」問題と未来への責任　日韓「合意」に抗して』大月書店、二〇一七年。

中村一成『ルポ　京都朝鮮学校襲撃事件〈ヘイトクライム〉に抗して』岩波書店、二〇一四年。

西野瑠美子『従軍慰安婦のはなし　十代のあなたへのメッセージ』明石書店、一九九三年。

【参考文献】


二谷貞夫編『日韓で考える歴史教育』明石書店、二〇一〇年。

日中韓三国共通歴史教材委員会編『未来を開く歴史　東アジア三国の近現代史』高文研、二〇〇五年。

日本軍「慰安婦」問題 web サイト制作委員会編『Q＆A「慰安婦」・強制・性奴隷　あなたの疑問に答えます』お茶の水書房、二〇一四年。

日本軍「慰安婦」問題 web サイト制作委員会編『性奴隷とは何か　シンポジウム全記録』お茶の水書房、二〇一五年。

日本軍「慰安婦」問題 web サイト制作委員会編『増補版　Q＆A朝鮮人「慰安婦」と植民地支配責任　あなたの疑問に答えます』お茶の水書房、二〇一八年。

林博文『日本軍「慰安婦」問題の核心』花伝社、二〇一五年。

原口健治『歴史教科書とナショナリズム　日本とドイツ』春風社、二〇一六年。

樋口直人・永吉希久子・松谷誠・倉橋耕平・ファビアン・シェーファー・山口智美『ネット右翼とは何か』青弓社、二〇一九年。

平井美津子『日本軍「慰安婦」を子どもにどう教えるか』高文研、二〇一七年。

藤田英典『安倍「教育改革」はなぜ問題か』岩波書店、二〇一四年。

部落問題研究所『「自由主義史観」の本質』部落問題研究所、一九九七年。

洪玧伸『沖縄戦場の記憶と「慰安所」』インパクト出版会、二〇一六年。

前田朗『「慰安婦」問題・日韓「合意」を考える』彩流社、二〇一六年。

山口智美『海を渡る「慰安婦」問題　右派の「歴史戦」を問う』岩波書店、二〇一六年。

山崎雅弘『歴史戦と思想戦　歴史問題の読み解き方』集英社、二〇一九年。

山本晴太・川上詩朗・殷勇基・張界満・金昌浩・青木有加『徴用工裁判と日韓請求権協定』現代人文社、二〇一九年。

吉沢文寿『日韓会談一九九五　戦後日韓関係の原点を検証する』高文研、二〇一五年。

吉見義明『従軍慰安婦』岩波書店、一九九五年。

吉見義明『買春する帝国　日本軍「慰安婦」問題の基底』岩波書店、二〇一九年。

李泰鎮・安重根ハルピン学会編著、勝村誠・安重根東洋平和論研究会監訳『安重根と東洋平和論』日本評論社、二〇一六年。

リヒャルト・ワイツゼッカー『新版 荒れ野の40年 ヴァイツゼッカー大統領ドイツ終戦四〇周年記念演説』岩波ブックレット、二〇〇九年。

歴史学研究会・日本史研究会編『「慰安婦」問題を／から考える　軍事性暴力と日常世界』岩波書店、二〇一四年。

歴史教育者協議会編『アジア太平洋戦争から何を学ぶか』青木書店、一九九三年。

歴史教育者協議会絵編『歴史教育五〇年のあゆみと課題』未来社、一九九七年。

渡部良三『歌集　小さな抵抗　殺戮を拒んだ日本兵』岩波書店、二〇一一年。

VAWW-NETジャパン編『ここまでひどい！「つくる会」歴史・公民教科書』明石書店、二〇〇一年。

おわりに

一九七〇年代後半、大学への女子の進学率が増えてきていたとは言うものの、まだ高校や短大を卒業して就職し、そこで良い縁に恵まれて結婚をすることが女性の幸せと信じて疑わない風潮があった。父もそう信じていた一人で、娘の大学進学にいい顔をしなかった。逆に母は、「女性でも学歴をつけ、ひとりで生きていけるようになってほしい」という人だった。

そんな母の応援もあって大学に入学した。大学生活の毎日は新鮮な驚きに満ちていた。それまでのように教えてもらうのを待つのではなく、自ら学び取ろうという姿勢を要求された。学問的に定説とされているものがどのような研究の結果生まれたのか、またそれに疑問をもち、自ら探求していくことの楽しさを感じさせてくれるような先生や先輩、仲間、環境に恵まれ、四年間の大学生活を送ることができた。もっと奥深い学問の世界に入っていきたいと思いながら、中学校教師の道を選択した私の中には、いつか大学院に行って学びたいという強い思いがあった。しかし、中学校の教師になってからは、そんなことを考える余裕もない毎日だった。教材研究、担任業務、クラブ活動、生徒指導に明け暮れ、三〇年余りが過ぎていった。

中学校教師としての最終盤に差しかかり、現役のうちに大学院で学び直して、もう一度それを子どもたちに還元したいという思いが強まっていった。

大学院の入学が決まった二〇一八年一〇月、新聞に掲載された記事が原因で大きな攻撃を受けた。その攻撃が始まったときが、大学院の入学手続きの日だった。これからの大学院生活への喜びにあふれているはずが、心は暗く沈んでいた。

手続きが終わり大学からの帰り道、どんな道を通ったかも覚えていないが、興福寺にたどり着いた。落慶法要がすんだばかりの中金堂が見える石段に座って空を見あげたら涙がとめどなく溢れてきた。一頭のシカがそんな私を不思議そうに見ていた。首をかしげて、心配してくれているようで、それを見るとよけいに泣けてきた。攻撃にさらされるたびに、「強いなあ」と言われ、人前ではあまり泣かなかったが、この時はシカの前で思い切り泣いた。

二〇一九年四月、勤務する中学校で三学年所属になるはずだったが、前年の攻撃が原因で担任からも三年所属からも外され、失意の中にあった。しかし、四月三日の奈良教育大学大学院の入学式では、ここで新しい学びが始まるという喜びが自分を奮い立たせてくれるのを感じた。

大学に行くのは夜だったので、明るいうちに大学のキャンパスの光景を見ることはあまりなかったが、図書館前にいるシカの姿にいつも和んだ。

仕事をしながら週に二日、夜に院に通うのは身体的には厳しいものがあった。しかし、居心地が悪かった本務校から院に行く途中で、教師から学生に気持ちが切り変わり、新鮮な気持ちになれた。ほとんどマンツーマンの授業は、自分の認識の甘さが見透かされるようでつねに緊張した。変わりつつある大学教育や教員を育てる大学のあり様の問題、大学教員が専門である研究を保障されない状況、など、たくさんの話を聞くことができた。本務校では茨の道だったが、大学院があったことで、心が折れることなく、背筋を伸ばして前を向いてやってこれたと言える。

修士論文を出し終わり、試問に向かう道すがら興福寺境内を歩いた。シカ煎餅をやり終わってもいつまでもついてくる一頭のシカがいた。思わずそのシカに、「ありがとう」と、つぶやいていた。

そうやって書き上げた修士論文に加筆・修正したものが本書である。

これまで直接的に、また間接的に出会ってきたキム・ハクスン、ペ・ポンギ、カン・ドッキョン、イ・オクソン、ペ・チュンヒ、カン・イルチュル、キム・ポクトン、キル・ウォノク、イ・ヨンスら戦時性暴力を受けてきた女性たち。彼女たちの願いは語り伝えられていくこと、忘却されないこと。だからこそ知ったものとして、伝え続けるということが彼女たちから託されたことであり、教え続けることが教師としての自分の責任だと思うようになった。

同じように考えて実践を積み重ねてきた教師は決して少なくない。それらの実践が現代の社会の中でどのような意味をもつのかを分析し記録することで、「慰安婦」問題をめぐる現代史をとらえようと試みた。この試みこそが、被害者の証言を否定し、なかったことにしようとする動きや、教科書にある「慰安婦」記述や「慰安婦」を教える実践への攻撃への一つの対抗軸になると考えたからだ。

「慰安婦」問題とその実践をテーマにした修士論文の構想を大学院で報告したとき、「どこにあなたのオリジナリティがありますか？　平井さんしか書けないもの、あなたのオリジナリティのあるものを書かないと意味がない。あなたの身に起きた問題を書かずに、あなたの修士論文はない。あなたしか書くことができないことを書くんです」と、指導教官は言った。それまで自分自身に起きたことを書くことにためらいがあったが、この言葉に奮い立たされ、意を決した。

修士論文の試問で、修士論文の意図やその成果を語りながら、自分の中に、背中を押してくれた指導教官の言葉が甦り、心臓が発火したように熱いものがこみあげてきた。

本書は、三八年間に及ぶ教師生活のなかで巡りあった子どもたちが書かせてくれたものだ。考えてみれば、これまでの時間の大半を中学校の教室という場で過ごしてきた。この場所は、格闘と研究と成長の場であった。毎日をともに過ごす子どもたちこそが、授業の至らなさを実感させ、その改善と次なる課題を与えてくれた。いくらかでも成長したとしたら、子どもたちの存在があったからこそだ。歴史教育者協議会に集う同志、社会運動で志を同じくする仲間がいなかったら、教職を全うできなかったかもしれない。

論文執筆にあたって、貴重なアドバイスをいただいた浪本勝年立正大学名誉教授。ドイツの戦後賠償などの問題から日本の戦争責任を考えるヒントをいただいた西田慎先生。水俣病などの患者らが受けた直接的被害と派生的被害から、性暴力の被害について戦時から現代にいたるまでの長い時間の中でたどっていくヒントを下さった渡邉真一先生。厚く感謝申し上げます。

指導教官の今正秀先生は、本務が終わってから通学する私にいつも時間を合わせてゼミを開催し、時には辛らつに、時にはユーモアをまじえての的確なアドバイスをして下さいました。修士論文の主査をしていただけたこと、感謝の念に堪えません。

これまでの度重なる攻撃でくじけそうになるのを、つねに励ましてくださった本庄豊先生には心からお礼を申し上げます。

本書を書き上げる過程で、俵義文さんの著書から多くの示唆を得ました。家永裁判の終了後、定年を待たずに退職し、子どもと教科書ネット21を立ち上げ、「教科書への権力の介入を許さない」という強い思いで先頭に立って活動した人でした。歴史を改ざんする教科書を手に、「こんな教科書、子どもに渡せますか！」と訴える姿が今も目に焼きついています。二〇二一年六月七日、本書の校正中に俵さんは亡くなりました。教科書問題に人生をかけて取り組んできた俵さんに心から感謝と哀悼の念をささげるとともに、その志を継いでいきたいと思います。

二〇二一年七月一六日から一八日まで大阪で開催された「表現の不自由展かんさい」に実行委員の一人として関わり、会場使用取り消しなどの処分をめぐる裁判にも勝訴して、成功させることができた。「平和の少女像」を見てほしい、「慰安婦」にされた少女と語り合ってほしいという願いからだ。そして、表現の自由が許されないという状況を打破したいという願いからだ。「慰安婦」記述や授業、「少女像」の展示をめぐって、まだまだ厳しい状況がある。しかし、そんな社会を変革していくのは多くの市民の自由を求める力の結集しかない。不自由展かんさいを成功させたことは、市民の力を実感させる大きな歴史の一ページとなった。

出版不況のおりから、論文を読み、「出版しましょう」とその意義を見出していただいた群青社の中間重嘉さんなしには出版はありませんでした。心からお礼を申し上げます。

本書を日本軍によって人間としての尊厳を踏みにじられながらも、その尊厳の回復を求め声を上げた金学順さんをはじめ日本軍による数多くの性暴力被害者の方に捧げます。。

二〇二一年八月一四日　金学順さんのカミングアウトの日から三〇年の日に

平井美津子

著者略歴

平井美津子（ひらい　みつこ）

1960年大阪府大阪市生まれ。立命館大学文学部史学科日本史学専攻卒業、奈良教育大学大学院教育学研究科修士課程修了。大阪府公立中学校社会科教員、大阪大学・立命館大学非常勤講師。主な著書に『「慰安婦」問題を子どもにどう教えるか』（高文研）、『原爆孤児 「しあわせのうた」が聞こえる』（新日本出版社）、『サンフランシスコの少女像―尊厳ある未来を見つめて』『教育勅語と道徳教育―なぜ今なのか』（以上、日本機関紙出版センター）、『戦争孤児たちの戦後史１』『戦争孤児たちの戦後史２』（共編、以上、吉川弘文館）、『日本の戦争と動物たち③』『近代日本　移民の歴史③太平洋―南洋諸島・オーストラリア』『シリーズ戦争孤児③沖縄の戦場孤児』『シリーズ戦争孤児⑤原爆孤児』『平和を考える戦争遺物④沖縄戦と米軍占領』『シリーズ戦争遺跡②戦場となった島』（共編、以上、汐文社）、『日本国紀をファクトチェック』（共編、日本機関紙出版センター）、『明日の授業に使える中学校社会科歴史』『明日の授業に使える中学校社会科公民』（共編、以上、大月書店）、『講座・教育実践と教育学の再生５　3・11と教育改革』（共編、かもがわ出版）、『先生、ホンネを聞かせて』（共著、群青社）などがある。

教科書と「慰安婦」問題
子どもたちに歴史の事実を教え続ける

2021 年 8 月 14 日　初版発行
2022 年 5 月 15 日　第 2 刷

［著者］平井美津子

［発行人］中間重嘉

［発行所］群青社
〒151-0064 東京都渋谷区上原3-25-3
電話03-6383-4005 FAX03-6383-4627

［発売］星雲社
〒112-0005 東京都文京区水道1-3-30
電話03-3868-3275 FAX03-3868-6588

［印刷所］モリモト印刷株式会社
〒162-0813 東京都新宿区東五軒町3-19
電話03-3268-6301 FAX03-3268-6306

ISBN978-4-434-29469-3 C0037
＊定価は表紙裏に表示してあります。